教 | 育 | 知 | 库

# 薰风集

滕 洁 —— 主编

光明日报出版社

图书在版编目（CIP）数据

薰风集 / 滕洁主编 . -- 北京：光明日报出版社，2022.8
ISBN 978-7-5194-6735-7

Ⅰ.①薰… Ⅱ.①滕… Ⅲ.①作文—中学—选集 Ⅳ.①H194.5

中国版本图书馆 CIP 数据核字（2022）第 149544 号

## 薰风集
### XUN FENG JI

| 主　　编：滕　洁 | |
|---|---|
| 责任编辑：杜春荣 | 责任校对：房　蓉　阮书平 |
| 封面设计：中联华文 | 责任印制：曹　净 |

出版发行：光明日报出版社
地　　址：北京市西城区永安路 106 号，100050
电　　话：010-63169890（咨询），010-63131930（邮购）
传　　真：010-63131930
网　　址：http://book.gmw.cn
E - mail：gmrbcbs@gmw.cn
法律顾问：北京市兰台律师事务所龚柳方律师
印　　刷：三河市华东印刷有限公司
装　　订：三河市华东印刷有限公司
本书如有破损、缺页、装订错误，请与本社联系调换，电话：010-63131930

| 开　　本：170mm×240mm | |
|---|---|
| 字　　数：253 千字 | 印　　张：16 |
| 版　　次：2023 年 9 月第 1 版 | 印　　次：2023 年 9 月第 1 次印刷 |
| 书　　号：ISBN 978-7-5194-6735-7 | |
| 定　　价：78.00 元 | |

版权所有　翻印必究

# 编委会

顾　问：饶　俊　代泽斌
主　编：滕　洁
副主编：宋　哲
编　委：代慧玲　杨昌富　朱云成　王玫君
　　　　成　勇　杨　榕　黄于兰　石莉艳
　　　　阙万松　任留林　杨　易　王　浪
　　　　姜果果　瞿　杨

# 序

## 少教多学之作文教学

代泽斌

  为推进"少教多学"这一教育理念的实施，熏风文学社举办作文竞赛，以"乡貌"为主题，邀请广大师生积极参与，在实践当中，让老师们领悟"少教多学"理念的深刻内涵，并写出教学感受，让学生在老师的指导之下领悟感受的快乐。本书就是此次竞赛的最终精华，老师们的见解深刻而独到，学生们的佳作更是让人耳目一新。《学记》中提出："君子之教喻也，道而弗牵，强而弗抑，开而弗达。道而弗牵则和，强而弗抑则易，开而弗达则思。和、易、以思，可谓善喻矣。"这句话表明教师在教学中要善于启发学生，打开他们的思路，而不是直接告诉他们现成的答案，以便给学生留下思考的余地，从而使学生养成独立思考的习惯，才能使智慧和思维能得到真正的发展。语文作文教学更应该如此，"少教"指的是作为老师，不能够把所有的东西一股脑地直接灌输给学生，"多学"指的是要在教学中点燃学生学习的兴趣，积极发挥学生的自主性。"少教多学"其实指的就是学生在作文的学习上应该占主导的地位，老师则应该站在引导的地位，而不是"牛不喝水强按头"。

  少教多学就是要让学生心静手勤。作文，就是用语言记录下生活的一点一滴。其中，有自己的感想，也有动人的事件。人生百态，尽用文笔淋漓尽致地展现在作文之中。作文的本意是好的，但如今却被许多同学们厌弃，频繁的练笔以及各种写作模板套路让学生精疲力尽，作文不再是有感而发的。多而烦，烦而躁，躁而不得心静，心不静就无法细品生活，不能静心观察就写不出好的文章。在如今这个快速发展的社会中，首先要慢下来，体味身边的一花一草，抚平浮躁的性子，让人变得理智。其次要融入生活，学会换位思考，感受别人的情绪，品味事情的经过，有自己的想法，并用文字表达出来。

少教多学就是让学生自主学习。学习归根结底是学生自己的事，教师只是一个组织者和引导者。学习的效果最终取决于学生是否进行思考，而教师的责任更多的是为学生提供思考的机会，为学生留有思考的时间与空间。"少教"的课是学生积极参与课堂，学生敢于去探讨问题和解决问题，甚至提出自己的问题。所以，"少教多学"的课也是解决了学生问题的课，问题解决了，就是好课，是有内容的课，有效率的课，也就是充实的课，是关注学生发展的课。就像佘彩娥老师一样，语文教师首先要纵观全局，并且做出学期、学年，甚至每一学段的作文教学计划。其次自由写作，放飞心灵。教师为学生的自主写作提供有利的条件和广阔空间，减少对学生写作的束缚，鼓励自由表达和有创意的表达，鼓励写想象中的事物。也像任晓红老师一样，为了让学生养成多看多思，在观察中发现美，在思考中追求美，在感动中表现美的习惯，从高一开始，她开展了"少教多学看世界，明辨事理写我心"的主题活动。活动分为"写人记事载我思"和"写景状物抒我情"两部分。这两部分不分先后，不限范围，不限文体，可以交叉，可以相融，字数两百字以上，以周记的形式上交批阅。

少教多学就是让学生们及时进行评价和反思。只有合理的反馈才能够让学生们进步。在作文课堂上就是要丰富作文的讲评途径，欣赏个性化的语言，让同学们通过师评生改、小组互评、自我批评等三种方式来进行。其中，小组合作学习是一个非常重要的组成部分，是新课程理念下课堂教学活动的一个重要环节。对各小组自学、合作学习存在困惑不解的问题以及新知识中的重点、难点、疑点，教师不要急于做讲解回答，要针对疑惑的实质予以必要的"点拨"，让学生调整自己的认识思路，让全班学生合作议论，各抒己见，集思广益，互相探究，取长补短，通过再思再议达到"通"的境地，解惑释疑。教师要对积极发言的学生予以表扬，对有独到见解的学生给予肯定、鼓励。这样既调动了学生参与教学的积极性，促进学生的创造性思维能力的发展，又培养了学生表达问题、展开交流的能力和合作精神。

叶圣陶先生提出，"教是为了达到不需要教"，"教师当然须教，而尤宜致力于'导'"；"导者，多方设法，使学生能逐渐自求得之，卒底于不待教师教授之谓也"。少教多学的目的也是在于此，作文学习最终的目的就是要让学生们通过自主探究，明白写作的方法，更好地认识世界。

# 序　言

## 会说话的文字

贵州省铜仁第一中学　滕　洁

少年的文字里住着勇敢、思索、迷茫，也住着勇气、探索、活力。他们有特殊年纪里专属的情绪、心思和对外围世界的观察，一双双眼睛里充满了光和暖。

让他们用文字的形式诠释自己理解的世界和人心，的确适合。

文字是流动的风景，注进数千年的时间之河，源远流长。浪涛涤荡向前，激起的每一片水花，都凝结着先民对自然万物想象的结晶，而其中也尽是人类对当时世界的抗争以及自身可以有足够能力认识世界、改变世界的渴盼。

孩子们用文字解读它们，便是灵魂与之对话的过程，在某种意义上，也是重回人类精神原乡的过程。在这"溯源之旅"中，少年之心纯洁干净，又富有哲人之思，借各种文字形式，呈现"灵光"，尺素之间，尽显灵性，熠熠生辉。

当然，孩子们不只是囿于一个主题上，他们也将自身遭际、青春心绪、时代记忆融入其中，使文字缤纷如夏日晚云。

回首往昔，他们有遗憾，有不舍，有悔恨，有欢乐，有无法和解的忧愁，也有闪闪发光的爱，刻在心上，胎记般清晰；展望前路，他们有好奇，有期待，有迷茫，有思索，有仰望星空的快乐，也有脚踏实地的力量，落于笔端，土地般厚实。这些都如同春晨叶尖的滴露、花树上的烟云、溪涧中的清流、晴朗夏夜中的星辰，是他们成长的证明，表征着他们与这世界初次邂逅。

执笔的意义莫过于跳出日常烦冗的生活与刻板的思维，袒露真实的自己，摘掉假面，放空自身，忘记过往伤痛。我们需于孤独中内省，观察世界，一枝一叶总关情。

　　生活给予我们爱，也给予我们痛。这都是年少必经的道路。

　　或许有一天，当你回首这本集子时，不经意间会笑出声来，而旁人也会嘲讽你矫情、造作，但请你明白，这是生命真真切切走过的痕迹，是年少弥足珍贵的气味，无法替换、抹去。即便日后被人诟病，也无须遗憾。它们将在泛黄的纸上，证明着你那一段独特的青春岁月。

　　文字是每个拥有孤独灵魂的人生命中的一部分，它也在同你我一起成长；文字也是我们与这世界对话的方式。不要在乎旁人的眼光，也不要因为生活的琐碎或理想的遥远而放弃用文字说话。

　　如果可以，我希望你能够永远用"在路上"的状态去创作，持有一颗赤子之心，只是简单爱着，纯粹写着。让自己在与生活、命运对话的同时，成为这个社会和时代的记录者，触摸这个世界的温度。

　　在青春的边上徜徉，我们每个人都在与真实的自己重逢，或是与内心的"自己"相遇。

　　真诚祝福每一个执笔有梦的你。

　　此刻，青春的纪念册由你轻轻打开……

# 目 录
## CONTENTS

采思以南·在水一方 …………………………………… 文清清 1

个性化作文教学的初探 ………………………………… 沈红霞 4

她的脸，她的心 ………………………………………… 杨应州 8

心中有风景，满卷翰墨香 ……………………………… 张春艳 10

乌江风起 ………………………………………………… 古润熹 13

以《背影》为例分析课文的导写作用 ………………… 吴燕飞 15

尘埃落于鄂土 …………………………………………… 何姝勰 19

浅谈作文如何反面立意 ………………………………… 田赛仙 21

故乡，这里有我的记忆之美 …………………………… 田佳佳 26

巧拟小标题，让文章变靓 ……………………………… 张 丽 28

闲步故乡之秋 …………………………………………… 孙经纬 32

大胆放手　提升自改 …………………………………… 李晓红 34

萤火虫也有梦想 ………………………………………… 张晓瑛 38

我的作文教学实践 ……………………………………… 蒲学涛 40

家乡"三老" …………………………………………… 黄 洁 43

作文提分技巧之我见 …………………………………… 许忠艳 46

黔味桑梓 ………………………………………………… 蒋凌钰 49

"少教多学"在初中语文作文教学的运用 …………… 佘彩娥 51

| | | |
|---|---|---|
| 携一抹乡影入我梦 | 龙俊峰 | 54 |
| 初中语文作文教学中的"主角效应"探讨 | 杨　丽 | 56 |
| 我与爷爷的乡恋 | 杨翌晨 | 59 |
| 少教多学，实现作文教学课堂改革 | 唐建云 | 61 |
| 乡　韵 | 刘丽娜 | 64 |
| 我手写我心 | 郭晋芳 | 66 |
| "乡"田沧海 | 王佳乐 | 69 |
| 回归生活，真情写作 | 旷书乔 | 71 |
| 玉月与乡貌 | 龙依瑞 | 75 |
| 少教多学分段进阶作文教学在农村初中的实践探索 | 黄　焕 | 77 |
| 我的家乡 | 张安琪 | 80 |
| 巧用歌词扮靓作文 | 刘明进 | 82 |
| 漫步于家乡的土地上 | 邓云月 | 86 |
| 巧用题记，靓丽夺目 | 张晓艳 | 88 |
| 餐桌前，话家乡 | 张红艳 | 91 |
| 作文的导航仪 | 兰丹丹 | 93 |
| 情思所系之处 | 黄筱雯 | 95 |
| 诗情故里，画意石阡 | 郭　镜 | 97 |
| 少教多学，让学生"写并快乐着" | 付　杰 | 99 |
| 乡娃娃的四季 | 黎诗颖 | 102 |
| 浅议如何在语文课堂中处处渗透作文教学 | 王应陶 | 104 |
| 五·十三·十五 | 谢佳容 | 108 |
| 浅谈如何消除学生对作文的畏难感 | 向文艺 | 110 |
| 锦绣盛界，人间天堂 | 冯宇娟 | 113 |
| 少教多用 | 田江玲 | 116 |
| 笑醒了的梦 | 李佳琴 | 119 |

| 学科核心素养下高中语文写作教学实践点滴 | 黄　玲 | 121 |
| --- | --- | --- |
| 如画乡村 | 杨欢英 | 125 |
| 怎样引导学生提高写作水平 | 杨吉江 | 128 |
| 故乡的路 | 田　政 | 131 |
| 屈原教我学写作 | 雷智波 | 133 |
| 瑶寨风韵，馨香满天 | 姚　霆 | 138 |
| 山水有佳处 | 杨景慧 | 140 |
| "少教多学"促"写作放飞" | 贝丝朵 | 142 |
| 那阵风吹过乡村 | 吴子静 | 148 |
| 作文写作中的诗意美 | 姚源星 | 150 |
| 笔墨乡景 | 杨小敏 | 153 |
| 例说作文的"气脉"营造 | 杨昌富 | 155 |
| 他乡纵有当头月，不抵吾乡碎琳琅 | 唐　婷 | 160 |
| 少教多学以智慧为引，情境入文华章自成 | 王传凤 | 162 |
| 月是故乡明 | 王咏琪 | 165 |
| 作文教学之有效探究 | 张宗琴 | 167 |
| 掬一片独好风月　颂一世家乡新颜 | 吴香梅 | 170 |
| 润物细无声，阑珊觅佳人 | 侯丽华 | 172 |
| 老李的幸福生活 | 江文俊 | 176 |
| "少教多学"在写作教学中的实践运用 | 潘　志 | 179 |
| 她的模样 | 肖霞艳 | 183 |
| 少教多学看世界，明辨事理写我心 | 任晓红 | 185 |
| 忆昔走过梨花林 | 陈　玉 | 192 |
| 写作教学应该这样发力 | 曾晓玲 | 194 |
| 清月照乡里，游子述乡情 | 钟洋洋 | 197 |
| "少教多学"理念下的高中语文作文教学尝试 | 向俊燕 | 199 |

善用教材挖掘议论文的结构模式……………………………杨　榕　202

写富有想象力的文字………………………………………王玫君　207

关于提升高中语文作文教学有效性的几点思考……………黄于兰　216

读书破万卷，下笔如有神…………………………………宋　哲　219

学习写得深刻………………………………………………肖庆林　223

课外阅读单篇短章对高三学生作文能力的影响力实践探究……杨　易　227

"对话式"阅读教学对写作的影响探析……………………杨晓鸿　230

浅谈高中作文亮点教学的策略……………………………石莉艳　234

# 采思以南·在水一方

思南第三中学　文清清<br>指导教师　沈红霞

岁月静好，我们就这样不紧不慢，不慌不忙，安然沉醉这片熟悉的土地。

## 雾中之城

最忆春寒料峭之际，晨光熹微，我离开温暖的被窝，冒着早春的清冷，坐在驶向学校的公交车上。转头，看向窗外，突然眼前一亮，一道白色晨雾由远而近，笼罩着小小的山城，弥漫在河面之上，萦绕在青山之巅。舒如鲛纱笼山水，聚似春蚕缚成茧，应是织女纺云的材料，或是嫦娥奔月的衬托。公交车仍在向前行驶，身边同学的每一张脸上都洋溢着自信的笑容。公交车在向前行驶，晨雾渐散，河道的远方荡起一丝涟漪，天色渐亮，小小山城渐渐活跃。

晨雾是故乡最柔和的貌，那些心怀信念全力拼搏的学子是故乡最骄傲的貌，晨雾在铃声中渐散，橙色的教学楼打开一座美丽的教堂，我的心倏地飞向那边……

## 舒展的河

最念骄阳似火之际,耀眼的光如长箭,直指那湾碧浪清波。小小山城以河为中心,舒展开来,舒展出无数人奔波的身影。他们去上班,他们去买菜,他们去送外卖。匆匆脚步中,他们一往无前,不犹豫,不回头,正如那股股河流,每一股都有自己的生命曲线,不断积累力量,冲破障碍,奔赴梦想的海洋。那条并不宽的河,亘古不变地守候着这小小的山城,无怨无悔,粼粼波光,脉脉含情。

河流是故乡最永恒的貌,而那些默默无声、负重前行的人,则是故乡最美丽的貌。一位大汗淋漓的清洁工阿姨刚好路过我身边,我迅速掏出一块洁白的手巾,递到她手上……

## 璀璨的星

夜色阶梯凉如水,夜晚寒意侵蚀着人们的躯体,在灶台边煎炸麻花的阿姨忽然打了个喷嚏:"夜了!"她抬头看了一眼夜空。

那里的星光很微弱,但万千星光聚在一起是银河,是宇宙,是个夜。山城亦是如星子般微小,但山城奋力发光发热。故乡的人都盈满赤子的骄傲,努力发光发热,夜幕之下街边,石磨不停地转动着土家人的山中岁月,一排又一排,有老工匠在做金黄的斗篷,老农在缝制褐色的蓑衣,王奶奶在做香酥的麻饼,街尾那边苞谷、甜酒让人望见土家人的火塘。独上层楼,观山城灯色,微微风簇浪,散作满江星,琳琅满目的土特产把乌江装扮成了璀璨的天河!

星星是山城最独特的貌,也是最华丽的貌,我随手拿起一根香喷喷的麻花,送进嘴里,"咔嘣咔嘣"咀嚼起家乡独有的味道……

岁月静好,在于它让我们安然沉醉,让我们魂牵梦萦。诗与远方,一路向前。沦陷其中,只许一往"黔"深,只许采"思"以"南"。

# 个性化作文教学的初探

思南三中　沈红霞

在作文教学中，我有意识地对学生进行引导，让学生学会观察生活中的琐碎事情，积累素材，通过阅读等形式帮助学生扩大知识面，实现从阅读、模仿到个人写作的逐步转变，并融入自身的创新思维及想象力，从而实现学生写作能力的提升，在学习中找到方法，品尝到成功的喜悦。

## 一、激发学生的写作兴趣，调动学生写作的积极性

在现实生活中，学生熟悉、喜欢的东西，会有着许多蕴含深刻意义的素材。我鼓励和引导学生，让他们抓住社会热点问题，或展示含蓄隽永的事例，或创设激动人心的情境等，进而调动他们的积极性，激发他们写作的兴趣。

如学完《邓稼先》一文后，让学生针对邓稼先谈感受、谈看法。

在这个过程中，我让学生稍加思考后再发言，在学生发言过程中，我特别注重对中心内容、条理安排，以及遣词造句等一些问题及时予以指导。同时让学生参与评议，适时地给予肯定与鼓励，并告诉学生，他们的发言很精彩，将他们说的内容写到纸上便是文章，让学生明白写文章不是弄虚作假，矫揉造作，而是表情达意的需要。

学生在听说训练中放松了心情，也感受到口头作文的乐趣。

## 二、在平时的教学中灌输写作的基础知识

我把作文教学渗透在平时每一篇课文的教学过程之中，以课文的教学

来促进学生对文章的写作方法、结构特色、用词用句、主题的表达的理解，从而让学生在写作文时有一定的参考，让学生多掌握一些写作的基础知识。

比如，在教学朱自清的《春》时，我把文章分成三大部分：盼春、绘春、赞春。在此基础上把绘春一节概括成五幅图画：春草图、春花图、春风图、春雨图、迎春图。这样全文的结构层次就一目了然了。写法上主要通过语句的理解品味句子的特点、修辞和内涵。

### 三、重视写作素材的积累

《新课程标准》（以下简称《新课标》）要求教师在指导学生作文时，引导学生要养成留心观察周围事物的习惯，要发现生活的丰富多彩，珍视个人的独特感受，力求有创意的表达。要使学生作文有话可说、有物可写，就必须注意积累写作材料。

（一）从语文教材中积累素材

在学习朱自清的《春》时，文中写道："小草偷偷地从土里钻出来，嫩嫩的，绿绿的"，这句话是运用拟人的修辞手法，形象地写出春草的生命力旺盛，生机勃勃，一片欣欣向荣之态。像这种优美的语句，可以让学生摘抄积累，模仿它的写法，创造出更美的句子。因此，强调学生对所读之书要融会贯通，积累材料，学会迁移并运用到自己的作文中去。

（二）从课外阅读中积累素材

阅读是学生获取知识的必经途径，是学生获取知识的基本手段，阅读教学也是语文教学任务中非常重要的一个环节。

《新课标》也对作文教学提出了明确要求，学生要通过课内外阅读，积累优美词句来获得写作素材。由此可见，阅读教育与写作教育联系紧密，两者相互促进。学生从课本上积累的知识必然是有限的，这就要求把阅读延伸到课外，以弥补书本阅读材料的缺乏，学生只有养成好的阅读习惯，才能为写好作文打下基础。

**四、将写作训练融入生活，生活是写作的源泉，写作源于生活，又高于生活**

教材中的每一篇课文都来源于生活。作文教学与其他知识的教学一样，也应体现生活化。随着教育改革的不断深入、教材版本的不断更新，课文内容去掉了许多说教的外衣，越来越贴近学生的生活实际。这些文章不仅能给人以美的熏陶，而且能起到以生活入文的典范作用。

比如，学过《社戏》一文后，可以童年为话题进行写作，很多学生无形中就模仿了《社戏》的写作风格，学着用质朴的语言表现童年的天真烂漫、纯真无私。

比如，在进行以写人、写事为主题的作文时，教师可以通过给材料命题的方式进行作文训练。学生可以根据自己的生活实际，联系材料中的信息，结合自己在生活中的所见所感，谈自己的具体看法。教师在设计作文题目、写作内容时，要培养学生联系生活、贴近实际的意识和能力，要让学生写出生活中的点点滴滴，写出人的内心世界，使内容更加贴近生活实际。

**五、强化学生的写作思维**

一篇习作，就好比一个观点、一种思想的表达，需要有很强的思维性和逻辑性，才能让人清楚、正确地了解到作者所表达的意思。写作实际上也是在考查学生的写作思维是否顺畅，逻辑是否正确。写作能力的高低在一定程度上取决于学生的写作思维是否清晰，逻辑是否正确。

很多学生可能有时候思如泉涌，但突然思路又断了，造成思维不畅，逻辑错乱的问题。这时候，教师必须有意识地训练学生的思维方式，即作文的思路。教师可以训练学生提炼作文的大纲，将作文的整体思路理顺再开始写作。

例如，教师可以先布置题目，为学生拓展写作思路，然后让学生在脑海中构思，几分钟后用语言表达的方式，在课堂上将自己的思路表达出来，由教师和其他学生帮助进行思路的整理，厘清逻辑和文章的顺序，让学生意识到自己思维上的不足，重新将思路厘清，以作文提纲的方式呈现。

提炼作文大纲是厘清作文思路的好办法，教师可以专门进行提炼大纲的训练，为了节约时间和加强思维训练的效果，学生不必完成作文的完整写作，只需要根据教师布置的题目，进行构思和写出提纲，反复修改，保证思维顺畅、逻辑正确。

经过这样的训练，学生的作文思维能够得到明显的强化，写作能力也能够显著提高。当然，在实践中，我们要掌握每个学生的学习情况，因材施教，在学生们探求知识的过程中做好领路人，引导学生朝正确的方向不断求索。

## 她的脸，她的心

松桃民族寄宿制中学　杨应州<br>指导教师　张春艳

她也无非就这样，比起那繁华的都市，多一些无止境的绿树成荫，少一点车水马龙的喧嚣。一切都是那么美好与恬静。

听，晚风习习，拂过耳畔；闻，鲜花野草，清香扑鼻；看，远山如黛，千里连绵。空气中浮起一抹朦胧如烟似雨的雾，薄如蝉翼。丹青写意般的美景，的确让你认为这一切很美好吧！然而，这只是她身体里的一部分，她有个温暖的名字叫——故乡。

一别已多年了，看惯了高楼大厦，厌倦了汽车的鸣笛声在满是尘土飞扬的空气中游荡，对世俗的钩心斗角也司空见惯。我也终于想起她来，想起了我的故乡，想起了"她"慈眉善目的脸和温暖柔和的心。

思绪万千，不由想起这样一幅画卷：

祖母古稀之年，正值春耕，怎奈天公不作美，下了冰雹。祖母坐在屋檐下说："今年怕是难有收成喽。"话音刚落，祖母抬起两只手拍了拍她那竹竿似的腿。我指着那阴沉的天说道："是天公和地母在打架吗？看样子天公要赢了吧？那会不会地动山摇啊？"祖母笑了笑说："也许你的想法更美些。"

祖母又摇摇晃晃地走进屋内，对着祖宗的牌位点了三炷香，烧了些纸钱，心里或许是想着神灵保佑，那冰雹又自然而然地停了。

冰雹过后的一天，旭日东升。我坐在田埂上想听一听花开的声音，顺带也看一看花开时的灿烂。就像听她心的跳动，看她脸的变化，然而终是竹篮打水一场空罢了。

　　祖父牵起家里唯一的老黄牛去耕地，他将犁扛在肩上，左手微微扶着，那牛自然地也跟在了后头。老黄牛在前走着，那犁便将那土耕得哗哗翻动，祖父回头看田埂上的我，我也还是在和她嬉戏。见祖父动身回家，我正要起身时，却被她缠住了。她将整个身子完全缠绕着我的手指，但我稍微用力，将她连根拔起，用力一挥，她就消失在田野里。地上躺着一片花瓣，似眼泪，但最后又被风拭了去，我也离她远去了。

　　夕阳终于坠入了鸟巢，也消融了燕子的最后一片羽翼。眼看一缕缕炊烟随风飘散，消去了一身疲惫。日出而作，日落而息。生活很美好！她给了我们一切，给了生活在这片土地上的人们一份闲适与安宁。

　　冬日里冷冽的风吹散了一切，也吹走了时间。几座拔地而起的水泥墙，坑坑洼洼的柏油路。倒也失掉了从前野花遍地、树木葱郁原汁原味的她了。但好在人们脸上终日挂着笑容，现在她带给人们的依然还是那美好与恬静。

　　前些日子我也终于抽空去寻了她。我又走到那个田埂边，那片土地的一旁长满了蒲公英，冷冽的风吹走了她的孩子，她好似让她的孩子在找寻什么。我木鸡似的望向她，我顿悟了：我们谁也离不开对方，都牵绊着对方。她终于消除了对我的恨，我挽留住了她，我又重新拥抱了她。

　　我倚靠在村口那棵槐树下，合上眼，槐树俯下身子悄然将我拢住，铿锵有力的臂膀，绿意盎然的衣装，我躺在她的怀里，满是述不尽的舒服和安逸。

　　她陪伴着我，我抚摸着她的脸庞，倾听着她的心声。岁月流逝，沧海桑田，而依旧不变的是她的美好与恬静。

# 心中有风景，满卷翰墨香
## ——浅析激发学生写作兴趣的几个"小妙招"

松桃民族寄宿制中学　张春艳

**摘要**：写作教学是语文教学中最重要的一环，然而"苦坐苦想苦不堪言，愁事愁情愁眉苦脸"却是学生关于写作的真实感受。如何才能消除学生与写作之间的隔阂，达到妙笔生花的目的，我想必须让学生做到眼中有物，心中有景，笔下有情。以爱为基，消除隔阂，方能信手拈来。

**关键词**：兴趣　体验　风景　情感

写作是运用语言文字进行表达和交流的重要表达方式，是一种极具个性化的学习活动。人民教育家于漪说："审美的语文课堂才、思、情、趣和谐统一，让学生置身于春风化雨中，怡情养性，储善求真，享受成长的快乐。"那对于学生来说苦不堪言的写作课，如何才能实现才、思、情、趣的和谐统一？我通过几年的教学实践，观察学生的个性特点，下面我就谈谈自己的几点浅薄认识。

**一、角色转换，化"静"为"动"，让学生在实践生活中做到眼中有物**

爱因斯坦说："兴趣是最好的老师。"可怎样才能激发学生的写作热情，让其发挥主观能动性，一直是我作文教学上的困扰。我尝试过理论方法指导、例文分析，甚至教学生如何开头、结尾，布局谋篇，可是都收效甚微。一直充当讲演者的我们也是苦不堪言。真的是我们的学生不聪明吗？其实不然。

我们必须让学生"走出去",才能"引进来",让学生充当"讲演者"。

作文是记录生活,也是生活的再创造。时下的中学生极度缺乏实践体验,既无事件经历,也无情感锤炼,何来刻骨铭心?如在关于"非物质文化遗产"的习作训练中,学生对于非物质文化仅仅停留在概念的层面,如何真正去体会它的魅力,对于学生来说,极为困难,所以我让学生去实践中找答案。正值"苗家四月八"这个活动开展,我就让学生走出教室,去观察并体验"花鼓舞"的魅力。因为有了体验,学生才可描绘得活灵活现。让"非物质文化遗产"这个安静陌生的文字活跃起来,跳动在学生们的笔尖。

## 二、长文短写,去"粗"取"精",让学生在诗意人生中做到心中有景

长文短写,简单来说就是片段写作。"对生活,对我们周围一切的诗意的理解,是童年时代给我们的最伟大的馈赠,如果一个人在悠长而严肃的岁月中,没有失去这个馈赠,那他就是诗人或作家。"这是苏联作家康·巴乌斯托夫斯基在《金蔷薇》中的一段话。十几岁的孩子对周遭充满了好奇,但想要学生诗意人生,对生活中的事理有独特的认识,就不能给他定下框架。因为不是只有六百字以上才叫作文。

在写景作文《紫藤萝花开了》的训练中,我就采用"长文短写"的方式,效果极好。如有学生描写紫藤萝花瓣上浅下深的特点,她这样写道:"花瓣边缘白得透彻,然后白色渐渐加深,但仍如水墨画一般淡雅,接着是淡紫色了,似乎有一位无形的画手,细细点染着花瓣,色彩加深,加沉。最终变得放不下,化不开,晶莹的淡紫色凝固在花瓣上,美不胜收。"短小精悍的文字,却能如诗如画,不正是心中有景,对生活的写意吗?这样就很好地保留了学生们的写作热情,激发了学生们的想象力和创作力。

## 三、情景再现,以"小"见"大",让学生在镜头感悟中做到笔下有情

情感的宣泄需要一个突破口。对于乡村留守儿童较多的班集体,我常

采用"情景再现"的方式激发学生内心深处的情感。

所谓"情景再现",就是让学生把过去的事情与模糊不清的回忆,再次呈现在我们的眼前,以此勾起同学们的回忆,达到触发内心情感的目的。比如,在关于"亲情"的主题作文训练中,很多孩子印象中父母的形象只剩那匆匆来去的背影了。因此,我在教学中便采用"情景再现"的方式,再现相处或离别的情景,让学生重新体会父母温情。再比如,这次的征文比赛,主题为"乡貌"。关于故乡,它总会触及一个游子的乡思。可对于一些十三四岁的孩子而言,他们没有经历家国变故,因而写不出故乡的人事变迁;他们也无"夕阳西下,断肠人在天涯"的游子忧伤,写不出缠绵悱恻的千古柔情。故乡对于他们来说,或许只是家人及房子而已。所以,我采用"情景再现"的方式,让学生认识家乡人,体会家乡情。以此避免了学生"苦思苦想,苦不堪言"的状态,情感不断升华,从而妙笔生花。

教无定法,因材施教。写作教学任重而道远,只有让学生亲自充当讲演者,老师换作倾听人,方能让他们在低吟浅唱中不断成长。

## 乌江风起

思南第三中学 古润熹
指导教师 吴燕飞

思南山城，坐落于群山环抱之中，总体布局呈台阶状，乌江从这里穿城而过。风起，江水泛起阵阵涟漪，掀开一段段过往。

"乌江河水起浪花，下水划来上水拉……"远古的歌声伴着江涛在悠悠的峡谷里回荡，那是古纤道上纤夫们响亮而悠远的号子。高高的悬崖边上，几十名汉子赤着脚，身子向前倾斜，肩上背负着一根粗壮的竹编纤绳，绳下系着几十担盐巴、煤炭等各种货物。赤裸的古铜色皮肤如同端午的粽子被麻绳勒得突起，留下一道道深红的血痕。寒来暑往，从不间断，举步维艰，更是步步惊心，那颗颗汗珠顺额头流下，淌过鼻尖，滑过唱着号子的双唇，更淌进他们辛酸的记忆里。在一阵阵徐来的清风中，他们的脸上才露出惬意的微笑。

江风习习，在宽阔的江心中，露出船状的沙洲，而白鹭将沙洲视作乐园。春夏秋冬，江水之上，峡谷之间，三五十只白鹭如音符一般飞翔。不知从什么时候起，每逢正月十五，男女老幼全都乘船上洲游玩，那场景如同北方的庙会。商贩也不甘落后，频频出现。"冰糖葫芦！卖冰糖葫芦嘞……"清脆而诱人的吆喝声从人群中传来。顺声望去，老板手里忙活着，路人接过一串晶莹剔透的冰糖葫芦，急忙往嘴里送，蜜糖化在嘴里，甜进心中。不远处，几个孩子赤着脚在沙洲上奔跑着，跳跃着，互相嬉闹，他们累了，或躺在软绵绵的沙滩上，或蹲下身去找找稀奇的沙石，笑嘻嘻地同伙伴分享。

这一天，江上沙洲变得喧嚷，洋溢着欢乐，乌江风起，人们的欢笑声与细浪柔和，沉入江中。

当新时代的春风吹起时，乌江两岸杨柳依依，殷红的橡胶跑道取代了以往泥泞的沙石路。早晨和傍晚人们都不约而同地出来散步、健身。再看那石砌的河栏外边，条条马路，座座高楼，沿河而建，入夜时分，整座山城披上了霓虹灯。声声船笛掠过江面，游客们三五成群，来了又去，去了又来，乐此不疲。时不时有几架游艇飞驰而过，激起的水花像千万颗宝石洒向空中……涛声依旧，而往昔的沙洲却早已被江水没过，仿佛携着它的历史一同沉入滔滔乌江中。

风拂过乌江，涟漪款款。浪声中，淘尽过往。思南梦幻般的飞速发展覆盖了盐油古道的沧桑，乌江纤道抑或白鹭洲早已定格在老一代人的记忆里，而始终如一的是这浩浩江水，乌江汇入祖国的大江大河。美丽的乌江写意了古人的"落霞与孤鹜齐飞，秋水共长天一色"的千古绝唱。当你依在江边的石栏上，听着涛声，沐着江风，抬起头时，那拾级而上的石阶上，已是熙熙攘攘的人群。

乌江风起，云定然会飞扬！

# 以《背影》为例分析课文的导写作用

思南第三中学 吴燕飞

细节描写是指在文学作品中对人物动作、语言、神态、心理、外貌以及自然景观、场面气氛等细微而又具体的典型情节加以细致生动的描写，它能使文章从枯燥变得生动，由平淡走向有深度。

我曾做过这方面的训练，就拿课内文章作为参照，学生在面对如何刻画细节时，所学的课文知识就会触发他们的写作灵感，得到许多真实生动的感受，能很好地发挥课文对学生写作的导写作用，充分体现"少教多学"的理念思想。

比如，朱自清先生的《背影》，这是一篇感人至深的文章，大家都非常了解，作者用朴素的文字，把父亲对儿子的爱，表达得深刻细腻，真挚感动，从平凡的事件中，表现出父亲的关怀和爱护。

文中令人印象最深刻的是他父亲替他买橘子时攀爬月台的背影。其中"走""探""穿""爬""攀""缩""倾"等动词，特别生动地描绘了父亲穿铁道、爬月台的情景，可见父亲爬上月台的艰难，作者并不借助于什么修饰、陪衬之类，只把当时的情景真实、生动地再现于眼前。

我在指导学生写同类文章的时候，要求学生学习《背影》中的细节描写，从身边人的"背影"中感受到那份浓浓的情感。

如半命题作文《读懂_____》，有一个学生拟题为《读懂晨曦中的背影》，她写道："早晨起来，总会看见有一道身影在厨房里穿梭，在晨曦里忙碌，初起的太阳向大地洒下缕缕阳光，一束一束穿透厨房的玻璃，洒落在那道身影上。空气中的小颗粒，随着母亲的动作所带来的气流翻扬着，从下锅到收盘,动作一气呵成,行云流水,这是母亲日复一日,年复一年,不知重复这样多少次的动作,才会做出那样令人享受的美味。"这篇文中的"背影"是全文的写作线索,又是文章主旨得以集中反映的所在,把心中的感激之意,全部寄托在对母亲背影的形象刻画上,细节描写入微,生动形象,同时也融入了自己独特的感受。

另有一篇《读懂跑道上的那一道风景》文中是这样描述的:"也许是时间太早,抬头只见远处云烟弥漫,天空中笼上了一层薄雾,可你二话不说,做好热身便开始跑步,我紧紧地跟在你的身后,大口大口地喘着气,渐渐地,额头上的汗滴流了下来,双手不停地擦拭,有些累了,想歇歇,可视线中你的背影开始变小,你我的距离开始拉大,你的步伐依然那般矫健,双手依然前后摆动,大步向前,似乎没有什么可以阻挡你前进的脚步,你的身影越来越小。不行,我要坚持,内心顿时涌上一股力量,深深地呼吸一口气,继续!"

那道风景中的"背影"是文中的"我"坚持跑步的动力,它像一面旗帜指引着"我",在对背影的细节刻画中,同时还穿插小作者内心的描写,使文章情节波澜起伏。

再有一个学生拟题为《读懂余晖中的挥手》,题目中虽然没有出现"背影"二字,但是文中对父亲背影的刻画非常感人。"我目送父亲走到车站,看他买好了票,把背对着太阳,面朝我说:'快回去吧,太阳下山,气温下降,别感冒了。'父亲站在夕阳的余晖中,光把他的影子拉了很长很长,高大挺拔,像极了年轻时的他,他向我挥挥手,转身上了车,却不知我的眼镜框下早已湿润一片……我读懂了父亲这本沉甸甸的书,他教会我爱,教会我成长,更让我明白生活的不易,回忆与父亲的点滴,是最温暖的余晖……"

这三篇学生作文,或以"背影"为题,含蓄隽永,或对"背影"重点刻画,这既是对人物形象的素描,也是人物精神的写照,是贯穿全文的主线,是学生们感情的触发点和凝结点,训练的效果还是比较明显的。

前段时间的作文训练,题目是《_____与我一路同行》,有学生拟题为《余晖中的背影与我一路同行》,小作者选材是父女之情,用了三个片段表现父女情深：第一个是写儿时父亲背孩子，"余晖下，远远望去，灿烂云霞渲染了一片温馨，瑟瑟晚风吹散了一身躁意，不远处，父亲的背影，稳稳当当，小心翼翼"；第二个是写放学后父亲接她回家，"太阳还未沉入山底，远远的天边袅袅升起几缕炊烟，夕阳下，大手牵着小手，互相依偎"；第三个是写父亲外出打工，"余晖中，父亲的背影缓慢却坚定，有一种经岁月沉淀后的深沉，他转过身，微笑着与我告别"。这些生活中的小片段有层次感，画面温馨感人，被小作者挖掘出其中有亮点的角度，写出自己独特的感受，从而做到以小见大。

还可以把"背影"延伸到学生拟标题上，描写背影比正面描写更能打动人心。在九年级模拟考试中，半命题作文是《_____让我感动》，新冠疫情防控期间令人感动的人、事、情太多太多，选材非常重要，选大了，几百字无法驾驭，建议以小见大来立意，有学生就把感动的瞬间和亮点定在"背影"上，比如，《你负重前行的背影让我感动》《那道逆行的背影让我感动》《那蹒跚且坚定的背影让我感动》，这些标题就比《逆行者让我感动》《白衣天使让我感动》的标题更具体、更形象，更好落笔来写。

在古润熹同学的作文《乌江风起》中，有一处对纤夫的描写，写得极为生动。"赤裸的古铜色皮肤如同端午的粽子被麻绳勒得突起，留下一道道深红的血痕。寒来暑往，从不间断，举步维艰，更是步步惊心，那颗颗汗珠顺额头流下，淌过鼻尖，滑过唱着号子的双唇，更淌进他们辛酸的记忆里。在一阵阵徐来的清风中，他们的脸上才露出惬意的微笑。"从这处描写中，读者能强烈地感受到纤夫们所肩负的担子，多么地重，特别是那一道道血痕触目惊心，那流进嘴里的汗水，苦涩的滋味象征着苦难的生活。

另外，从《背影》中可以学习白描的手法，文中运用白描的文字，读起来清淡质朴，却情真味浓，蕴藏着一段深情，于平淡中见神奇。如写儿子"看见他的背影"，"泪很快地流下来了"。又写父亲买橘子回来时，儿子"赶紧去搀他"。这些侧面烘托手法的运用，表现出父爱子之深。在学生作文《读懂余晖中的挥手》中有一句话："把背对着太阳，面朝我说：'快回去吧，太阳下山，气温下降，别感冒了。'他向我挥挥手，转身上了车，却不知我的眼镜框下早已湿润一片……"这样的仿写十分成功，用朴实无华的语言表达内心的情感，少修饰，以"叙"代"描"，鲁迅先生称之为"有真意，去粉饰，少做作，勿卖弄"。这也是一种用朴实的文字把当时的情景再现于读者眼前的表达方式。其实在统编教材中还有很多优秀的文章可以作为示范，不胜枚举，等着我们老师去深挖、细品，再和学生一起分享。

## 尘埃落于鄂土

铜仁一中初级中学　何姝勰<br>
指导教师　田赛仙

我常想，如果我是一颗轻小的尘埃，我乘风旅行，最终定会降落在湖北这片土地上。那里是魂牵梦萦的故乡，承载着我所憧憬的诗与远方……

泛黄的回忆中，我依稀记得回湖北老家时的情景。那时正是"黄梅时节家家雨，青草池塘处处蛙"的时节，我们淋着小雨，却并不感到一丝凉意，只感觉故乡的雨是如此的温暖，雨把土地中的清新尽情释放出来。几栋斑驳的砖瓦平房，墙上的"好好学习，天天向上"早已褪去了它们当年的烨然之色，墙角爬满了杂草。爸爸说，那是他曾经的小学，那里珍藏着他幼年时期的美好过往。

故乡的人是纯朴的。作为众人皆知的"鱼米之乡"，湖北的特产中必不可少的就是鱼。依然是下雨天，爸妈带着我去湖北老乡家，他刚捞了些小鱼，装在一个简陋的小桶里。我满怀着好奇心，和老乡的小女儿一起蹲在小桶边。瞧着小鱼们轻快地在水中穿梭、嬉闹，就如柳宗元在《小石潭记》中所写的："皆若空游无所依……俶尔远逝，往来翕忽，似与游者相乐。"我们看得如痴如醉，一下午的时间从我们睁得大大的眼睛边悄悄溜走。那位好心的老乡让我们在他家吃了晚餐，见我目不转睛地盯着小鱼，我们临走时还送了我几条带回去。可是后来那几条小鱼的结局是什么，我也记不清了。

此后数年，故乡于我，只有冬夏，再无春秋。许多年没有回去，"湖北""故乡"竟成了可望而不可即的字眼。但爸妈总教导着我，要时刻记住自己是个湖北人。

那时，妈妈常说："天上九头鸟，地上湖北佬，湖北人就是中国的'犹太人'，是最聪明的人，你要相信自己的能力。"我知道，这是湖北人骨子里的血脉，是湖北人应有的精神风貌，更是湖北的风貌。

来势汹汹的新冠疫情降落得似乎太突然了。不知为什么，这一次，我感觉自己和故乡的距离从未这么近。闭了眼，只感到耳边似乎有救护车的警报声。每每看见请战前线的医务人员，我都不止一次被感动，看见"湖北加油"的字眼，我的眼泪也不断地在眼眶中打转。但我相信，湖北，从来都是英雄的象征。当看见钟南山院士在记者发布会上摘下口罩，当听到武汉解封的消息，我在心中为湖北鼓掌。这就是湖北的风貌，不卑不亢，顽强拼搏，这原来就是我要记住自己是湖北人的真正意义。

大江东去，我相信，我一定要融入这时代的洪流中，最后尘埃落于鄂土，既肥沃了湖北，又丰富了自我。在长江之侧，生命静流之侧，湖北，就像一首诗，在我心中吟诵。

# 浅谈作文如何反面立意

铜仁一中初级中学　田赛仙

"一件事物发生时立即使你联想到一些套语滥调，而你也就安于套语滥调，毫不斟酌地使用它们，并且自鸣得意。"朱光潜先生所言的"套板反应"在初中写作中屡见不鲜，这使得孩子们写出的文章毫无新意。想要打破固定思维，写出独树一帜的文章，我们就要学会从反面立意。

反面立意，即逆向思维。突破思维定式，从人们淡忘甚至遗忘的角度切入，或从常规的反面入手，往往会别有洞天，使你的文章独辟蹊径，熠熠生辉。那么，如何从反面立意？

## 一、立足事物自身所具有的特点，从中探索反面立意

古人写落花往往给人以凄凉悲惨之感，如"花谢花飞花满天，红消香断有谁怜""落花不语空辞树，流水无情自入池"，但龚自珍反其道而行之，言"落红不是无情物，化作春泥更护花"，歌颂落花，立意新颖。龚自珍结合自身经历，不言落花离枝飘落的特性，而是抓住了落花飘落后终成泥的现象，将古人写落花格调低沉的定式打破，此诗格调积极，让人眼前一亮。世间事物多具有两面性，如"花中四君子"之一——竹，围绕竹自身所具有的特点，我们可以从正反两面对其进行描述：大多数人认为竹是气节和谦虚的完美结合，每攀登一步，都要做一次小结；但也有人认为其既有内心空虚的不足，又有节外生枝的恶习。如要写作此物，我们便可从中反面立意，写出新意。

现在让我们一起来阅读网络上一篇关于谈论科技发展的文章：

科技，真的让我们更近了吗？（节选）

不知从什么时候开始，各类互联网娱乐社交平台，似乎都成了我们的知己。他们非常了解我们的喜好，哪怕我们只是匆匆浏览过某样东西，在某个页面停留了那么几十秒，过不了多久，相关的内容就会推送给我们，总会发现我们所喜欢的东西。我们感慨，也许这就是智能吧。

可是时间久了，我们就会发现不对劲了。好像无论使用什么平台，我们的视野范围都被限制了。我们能浏览到的，总是自己的圈子，有时候想了解一些外面的世界，几乎都在无形中被屏蔽了。有人可能会说，这样难道不好吗？人生短短几十年，活出自己才是最重要的，又何必去了解自己不感兴趣的内容，浪费无谓的时间？有人帮你过滤了对自身无意义的东西，何乐而不为？此言诚然有几分道理，但是，我想说，人之所以为人，历经百万年站在地球生物链的顶端，那便是凭着两个字，"可能"。

这个世界，充满着各种可能性。而人类的本能之一，便是去寻找各种可能，探索各种未知的领域，方能逐渐进化，掌握各种自然的规律，为己所用。可是，这个大数据时代，危言耸听点说，正在封杀着这种可能性。

大数据的确为我们的生活提供了无比的便利，但是一旦形成依赖，尤其是出了校门的人，没有了学习上的约束，除了少部分自律性极强的人会给自己规划学习目标，大部分人都会被大数据的便利性所吸引。一旦我们的基础数据被定性，后续无论怎么延伸，都只是一个平面，而不是立体的。我们长期沉浸在自己的圈子中，当我们需要去涉足另一个领域时，就会发现自己如同白痴。

举个自身的例子，我个人从小喜欢看《三国演义》，慢慢地拓展到《水浒传》和《西游记》，接着是古典名著圈，然后是古代文学，再延伸就是外国文学，可是这终归有个极限。世界文学史研究了个遍，难道我还能去研究宇宙文学吗？至少目前的科技水平没达到这个程度。而当我回过头来需要自己下厨做饭的时候，发现我好像从来没学过厨艺方面的知识，甚至下刀都会切到自己的手。智能的平台满足了我的兴趣爱好，却封杀了我其他领域的可能性。

无独有偶，一位老朋友也和我吐槽过这一点。从前那个年代，还没有智能手机，我们的学校生活，除了学习之外，能看到一两本课外的杂志也是一种不错的消遣，那时候我们似乎都是"全能王"，谈天说地，无所不知。可是前些日子的一段通话，让我们各自沉默了好久。我很羡慕他的运动细胞，羡慕他对体育新闻、球星故事如数家珍，他羡慕我对中国古典文学的造诣，彼此吹捧了一番，又聊了些从前消遣的内容，却发现我们对那些领域的记忆，几乎都停留在十年前了。

科技发展，智能化时代的到来，正在从方方面面改变着人们的生活方式。我们往往享受着科技发展带来的"利"而忽视了它的"弊"。在这篇文章中，作者从反面立意，认为大数据时代限制了人们的视野，封杀了促使人类进步的那种"可能"。同时在论述的过程中作者结合自身经历，举例论证"一旦我们的基础数据被定性，后续无论怎么延伸，都只是一个平面，而不是立体的"，充分证明了大数据、智能给人们带来了不良影响。文章有理有据，发人深省。

## 二、学会质疑旧知识和已有的东西，从中探索反面立意

"实践是检验真理的唯一标准"，随着岁月更迭，有一些知识或观念都不再是智慧的"精华"，我们要学会大胆地去其"糟粕"，敢于实事求是地表达自己的观点。古人言："近朱者赤，近墨者黑。"你亦可言："近朱者未必赤，近墨者未必黑。"当然仅有观点还不够，要想把打破常规的观点论证清楚，我们就必须对知识或观念有很全面的了解，这样才能在写作时分析得深入透彻，使人信服。

施蛰存先生有一篇很有意思的文章《独笑》（节选），我们一起来读一读：

一般人常把笑与喜悦混在一起。他们以为笑是喜悦的表示，必须心里先有喜悦，脸上才会有笑。但是，经验告诉我们，喜悦了之后，不一定都会笑，而笑也并不完全表示着心里的喜悦。不笑的喜悦，我们称之为暗喜；无喜悦的笑，那种类就很多，佞人的谄笑，女人的媚笑，权奸的冷笑，我们总而名之曰假笑，或曰皮笑。

这些名词都很生动，所以我们常常引用它们而没有觉得它们有什么不

妥之处。但今天，我忽然对它们产生疑问了。既然可以暗喜，则喜又何必继之以笑？喜悦仅仅是忠实于你个人的情感，如果你必须要用笑来表示你的喜悦给别人感觉到，则这个喜悦就很不忠实于你了。我以为，唯有暗喜才是真正的喜悦，需要用笑来表示的喜悦就大有问题了。因此，凡所以表示你的喜悦的笑，全是为了别人而做出来的姿态，它也未必是真正的笑。我们既然否定了一般人所认为是真正的笑，则一切笑的名目，自然也就难于确定了。

到这里，你也许会问我，然则何者为真笑呢？让我回答你！这就是我所要礼赞的"独笑"。你曾经在没有旁人的时候或地方，忽然独自个笑起来吗？倘若你曾经有过这个经验，你一定会懂得唯有这种独笑才是你向己的真正的笑。倘若我们说，这独笑才是正宗的笑，笑的本体。或许也不算是夸张吧？

当我们在郊野中散步，或在斗室中静坐的时候。我们可以眺望着远山飞鸟或凝视着纸烟的烟云而解颐一笑，默然微笑也好，放声大笑也未尝不好，这并不为了任何人而笑，亦并不为了任何情感而笑，甚至也并不为任何作用或企图而笑，简单地，只是因为要笑所以我们笑了。没有人在你对面从你的笑容里妄施揣测。超越了一切了解与误会，这才是最适意，最酣畅的笑。也许，它可能是某种喜悦情绪之泛滥，但至少，它并不是为别人而表现的姿态。

尼采书中曾记愤世者迈孙有一次忽然独笑。人问之曰："没有人跟你在一起，你为什么笑呢？"迈孙曰："正因为如此，所以我才笑。"我每读到这一节，总觉得大有意思，因为他很透彻地阐明了独笑的意义。我想，真正能笑的人，一定不愿意在别人面前显示他的笑容的。

在一般人的意识中"常把笑与喜悦混在一起"，作者却以自己对笑的深刻理解，认为"凡所以表示你的喜悦的笑，全是为了别人而做出来的姿态，它也未必是真正的笑"，"这独笑才是正宗的笑，笑的本体"。每次阅读这样的文章，总会带给人们很多的思考。人们在思考后感悟到自己有时候生活得太过糊涂，不如作者那般能够看清事物的本质。这其实就是一种质疑精神的物化，用在写作当中就变成了反面立意的文章，让人读有所思。

### 三、学会在事物的联系及对比中探索反面立意

巴尔扎克曾说:"艺术家的使命在于找出两种最不相干的事物之间的联系,在于能从两种最平常的事物的对比中引出令人惊奇的效果。"初中部编版语文教材中有一篇文章《陋室铭》,具体内容是:

山不在高,有仙则名。水不在深,有龙则灵。斯是陋室,惟吾德馨。苔痕上阶绿,草色入帘青。谈笑有鸿儒,往来无白丁。可以调素琴,阅金经。无丝竹之乱耳,无案牍之劳形。南阳诸葛庐,西蜀子云亭,孔子云:何陋之有?

这篇文章反面立意,只字不提陋室之"陋",只写陋室"不陋"的一面,而"不陋"是因为"德馨"。"陋室"因"德馨"而不"陋",作者既抓住了"陋室"与"德馨"的联系,又通过二者本身存在强烈的反差表明了自己追求的是精神满足而非物质满足,从而自然地表达出作者洁身自好、不慕富贵的节操和安贫乐道的情趣以及不与世俗同流合污的情感。

如能较好地掌握以上三种反面立意的方法,就能打破常规,写出的文章不仅独特,而且立意也更加深刻。但是并非所有的作文都可反面立意,如"坚守诚信"便不可言"诚信可抛"。因此我们在反面立意的过程中要注意不能违反事理,不能随意颠倒黑白,要坚持实事求是,不能脱离实际。

最后,我想借用古人之言来做总结"临渊羡鱼,不如退而结网",请尝试着立意写作才会确有所得。

# 故乡，这里有我的记忆之美

思南第三中学　田佳佳
指导教师　张　丽

露从今夜白，月是故乡明。

——题记

我的故乡坐落在美丽的乌江河畔，这里坐拥丰富的文化特色，这里依山傍水，这里有着淳朴的人情，给我留下了记忆之美。

## 记忆之美·家乡特色

儿时，一碗香甜软糯的花甜粑承载着一天的快乐。忆儿时，手里端着一碗花甜粑，在那泥墙间，在那心生暖意的阳光下，看着那晶莹剔透的白糖，软糯的花甜粑的香气徐徐散开，令人垂涎欲滴。轻轻咬上一口，糖衣在嘴中扩散开来，软糯的花甜粑一抿就化，夹杂着米的清香与糖的香甜，让人回味无穷。在故乡，花灯戏是人们每逢佳节必不可少的演出，种类丰富，精彩绝伦，是人们传达心愿与美好未来的沟通方式。其歌声婉转悦耳，舞姿优美，被列为国家级非物质文化遗产。许多学校还请专业人士进校指导演出。

我想，这便是家乡的美，美在特色。

## 记忆之美·家乡景色

　　当晚风拂身上，夕阳的光落在脸颊上，街道上灯红酒绿，车水马龙之时，走在古老的小巷里，看见巷角的几株杂草与几片苔藓，天空中繁星点点，乌江河面波光粼粼，无数浪花一浪推动一浪，在皎洁的月光下洁白无瑕。亦看见了岁月的车轮碾下的痕迹，这便是故乡的夜景。白鹭湖、兽王山、长坝石林都是旅游胜地。其中，长坝石林最为惊叹，被评为国家4A级旅游景区，是贵州出土最多，形状最为怪异的石林之一。老虎石，形似老虎卧躺，神情悠闲；五大金刚，形似五名大将军，伫立在石林中，保护大家的人身安全。

　　我想，这便是家乡的美，美在景色。

## 记忆之美·家乡人情

　　一张灰黄的脸，一双龟裂的手，一双破草鞋，这便是故乡地道的"面朝黄土背朝天"的农民。他们没有私心，没有勾心斗角，只是淳朴地对待任何人。今天，在他家地里砍一棵白菜，明天，在他家打一个橘子，他们从不在意，就像他们深爱的土地一样无私。还有一群人带着一支笔、一个笔记本走遍乡上乡下，帮助大家脱贫奔小康，他们便是村干部。一路上，他们风雨无阻，帮助家家户户克服困难。他们是人民的好干部，国家的好助手。

　　我想，这便是家乡的美，美在人情。

　　故乡，这里有我的记忆之美，是故乡熟悉的味道，是故乡的文化特色，是故乡山河壮丽的景色，是故乡淳朴的人情。往事是尘封记忆中的美，而故乡是我唯一鲜明的记忆。

# 巧拟小标题，让文章变靓

思南第三中学　张　丽

人们常说："题好一半文。"的确，标题是文章的灵魂，标题的作用就是在最短的时间内引起阅读者的注意，传递出一种精准的信息。而小标题是段落中最精练、最集中的特殊的概括形式，拟别具一格的小标题，不但提纲挈领，而且能画龙点睛、锦上添花。相比于其他的结构形式，不难发现小标题式，可以使文章结构新颖巧妙，可以使文章衔接自然流畅，可以使文章内容丰富清新，可以使文章主旨深刻突出。那么，该如何拟小标题呢？常见的拟小标题的方法有以下九种：

（一）时间串联法

即按时间的先后安排材料。可以将几则材料浓缩于一日之中，如《师生情》，分别以"晨练""午睡""夜自习"为小标题；可以将材料分化在四个季节中，如《微笑如花一般美》，分别以"春里桃花""夏里荷花""秋里菊花""冬里梅花"为小标题；可以按事件发生发展的顺序安排材料，如《告别网吧》，分别以"开端""发展""高潮""结局"为小标题，再如《那一抹治愈的笑》，分别以"初见腼腆之笑""深识秒懂之笑""分别不舍之笑"为小标题。

（二）空间串联法

即按不同的空间安排材料。如《面对压力》，分别以"学校""家庭""社会"为小标题。

## （三）镜头组接法

即把材料用分镜头的方式组接起来。如《拥有一簇绚烂烟火》，分别以"明月的醉人故事""花儿的低声喃语""翠柳的摇曳生姿"为小标题。

## （四）借鉴曲篇名法

即借鉴篇名或曲名安排材料。如《人生"三部曲"》，分别以"童年""我的大学""在人间"为小标题；《宿舍奏鸣曲》，分别以"圆舞曲""思家曲""小夜曲"为小标题。

## （五）借用人物语言串联法

即借用人物的语言安排材料。如《心与心其实很近》，分别以"老师，我想去你家""老师，给我一块钱""老师，你不要走"为小标题。

## （六）借用数学公式串联法

即借用数学公式安排材料。如《微微一笑很倾城》，分别以"挫折+微笑＝跨过坎坷""失败+微笑＝品位成功""误会+微笑＝重归于好"为小标题。

## （七）借用颜色串联法

即借用各种颜色安排材料。如《多彩的初中生活》，分别以"轻松的黄色""紧张的黑色""活跃的红色"为小标题。

## （八）借用味道串联法

即借用各种味道安排材料。如《品味初三》，分别以"酸""甜""苦""辣"为小标题。

## （九）借用古诗文串联法

即借用古诗文安排材料。可以借用一首古诗中的句子，如《清明节见闻》，分别以"清明时节雨纷纷""路上行人欲断魂""借问酒家何处有""牧童遥指杏花村"为小标题；也可以借用不同古诗中的句子，如《学会扬起微笑的风帆》，分别以"天生我材必有用""长风破浪会有时""腹有诗书气自华"为小标题。

有了方法的指引，学生在拟写小标题时才会有的放矢。但要想让自己拟写的小标题出彩，仅掌握方法还远远不够，还需要注意以下三点：

（1）小标题必须言简意赅，具有提纲挈领的作用。小标题的字数、结构要相同或相近，体现整齐优美的特点。小标题的语言要富有文采，富有节奏感。

（2）小标题的选材要精当，数量要恰当，容量要相当。所选择的几则材料要从多角度、多侧面，按一定的逻辑顺序去表现主题，不能随便选几则凑数，也不能同类内容重复选用。所选择的材料要典型新颖，要能显示作者独特的视角和立意。小标题的数量以3~4个最为恰当。数量太少，就没有必要用小标题；数量太多，就会使文章泛泛而谈，空洞僵化。所选择的几则材料容量要一致，不能出现一则材料的内容太多，一则材料的内容太少的现象。

（3）小标题与小标题之间，小标题与作文题目之间要有内在联系，要与文章中心有密切关系。

以田佳佳同学的作文《故乡，这里有我的记忆之美》为例，体会小标题的妙处。

开头：露从今夜白，月是故乡明。

——题记

我的故乡坐落在美丽的乌江河畔，这里坐拥丰富的文化特色，这里依山傍水，这里有着淳朴的人情，给我留下了记忆之美。

中间：记忆之美·家乡特色

记忆之美·家乡景色

记忆之美·家乡人情

结尾：故乡，这里有我的记忆之美，是故乡熟悉的味道，是故乡的文化特色，是故乡山河壮丽的景色，是故乡淳朴的人情。往事是尘封记忆中的美，而故乡是我唯一鲜明的记忆。

田佳佳同学的作文，开头以诗句作为题记，引出故乡的美；中间采用的小标题，字数相等，结构一致，语言富有文采，从物、景、人三方面，以镜头组接的方式具体描绘故乡的美，起到了提纲挈领的作用；结尾再次概述故乡的美，表达对故乡真挚的赞美。文章浑然一体，拟写的小标题使文章锦上添花。

　　总之，小标题既有提纲挈领、条分缕析的作用，又可以减少一些过渡性文字的铺张，便于突出重点。另外，还可以让文章疏密有致，文面爽洁悦目，展示作者的人文素养，吸引阅卷者的注意。小标题的使用已成为近几年佳作创作的一道亮丽的风景，但再好的小标题也只是一件美丽的外衣，只是一种形式，更重要的还是看文章实质性的内容，要让小标题真正做到为文章的内容服务，这样才能相得益彰。

# 闲步故乡之秋

思南第三中学　孙经纬
指导教师　李晓红

"落霞与孤鹜齐飞，秋水共长天一色"，这幅秋景图令我向往。我也带着你一起闲步故乡，闲步故乡之秋。

轻轻地拉开大门，伴随着一声清脆的"嘎吱"声，和煦的阳光径直扑向过来，罩在身上，暖暖的，像挠痒痒，舒服极了。回身关上大门，发现阳光已经在我身后拉出了长长的背影！望了望西边的太阳，暮云合璧，此时的夕阳早已没有了午时的炽热，变得更加温柔了，我的心也随之荡漾起来。

在这静谧澄澈的初秋时节，沿着乡间小路信步游逛，很是享受。向远方望去，小路的尽头就是夕阳，但那并不是我的目的地。

突然，一阵温文尔雅的秋风拂过脸庞，捎带着一两片轻薄的落叶。只见树叶上下盘旋，时而深沉，时而雀跃，尽情地摇摆舞姿，仿佛要在这最后一程舞出生命的缤纷与靓丽。我俯身捡起一片落叶细细观察，叶子上的脉络印证了它生命的历程，在这以后便"化作春泥更护花"了。

我不禁想："生命如此短暂，它们在下落的时候会不会委屈，会不会遗憾？"秋风扫下的落叶瞬间摇摆下落，化作尘埃，随尘风往事一起消逝，然而它们不痛也不哭，甚至带着甜美的笑靥与轻柔的眼神，用微笑回馈着这个赋予它短暂生命的"母亲"。萧瑟的秋风不断地从远处吹来，漫过大地，它们彼此相拥着，快乐并幸福着。看来回归亦是一种幸福。抬头望天，树叶沙沙作响，似乎在应和我的猜想。

不远处，一辆满载红薯的地排车缓缓驶来，周期性地发出"吱吱"的声响，开车的是一个中年汉子，古铜色的脸上写满了岁月的沧桑，但透露出一股刚毅，胳膊因用力而爆出道道青筋，虽已入秋，但额头上依然渗出粒粒汗珠，汉子的前面，一个身穿校服略显消瘦的小男孩正用一根麻绳牵拽着车子，绳子时松时紧。从我跟前走过时，男孩冲我甜甜一笑，阳光恰好射在了他齐整而小巧的牙齿上熠熠生辉，天真无邪写满了他整个脸庞。望着他们满载着收获和希望慢慢远去，"吱吱"声渐行渐远，突然间觉得是他们奏出了这秋天里的最强音！

　　回过头来想继续前行，却发现天边的夕阳已褪成了暗红色，远处的田野也雾蒙蒙地模糊起来。不远处，田里劳作的农妇正收拾农具准备回家。两个老大爷蹲在路边热烈地谈论着什么，旁边一个头戴褐色帽子的长者似乎对他们的讨论不感兴趣，只顾吧嗒吧嗒地抽着烟袋，若有所思地凝视着远方。地里还有一对勤劳的中年夫妇趁着天没黑不紧不慢地翻整着，丝毫没有撤退的意思。

　　天色渐晚，远处村子已飘起了袅袅炊烟……

　　故乡的秋天就是这样，静谧、澄澈、优雅、唯美，似乎一切都超脱自然。

　　它深邃却不失浪漫，总能挑起我涟漪般的情思；它有落叶的萧索却无凄冷与肃杀；它有收获的丰满和充实，有劳动者的勤劳与喜悦，有乡村生活的安详与和谐，有……

　　"自古逢秋悲寂寥，我言秋日胜春朝"，秋，在多少文人眼中的墨客笔下是哀思，但它在我的眼里是微笑、是灿烂，是一种廓然无累的心绪，是一种淡然惬意的闲适。

　　故乡的秋让我着迷，让我依恋！我爱故乡的秋！

# 大胆放手　提升自改
## ——浅谈学生作文修改

思南第三中学　李晓红

作文课，教学生反复修改是我的一个重要内容。

"改"与"作"关系密切，"改"的优先权应该属于作文的本人，所以作文教学要着重培养学生自己改的能力。教师教学的重点应放在引导和指点学生，使他们养成改的习惯和能力，而不是越俎代庖，替学生去思考。

叶圣陶先生说"批改实为作文教授之要着"，揭示了作文批改的重要作用。提到作文批改，我们一般对教师的要求就是"精批细改"。学生写完作文交给教师，教师每篇都要改，改完以后发给学生自己去看，这样工作是否真的有效值得思考。

在写作文的过程中，修改环节很容易被忽略，因为太耗费时间。一些人对"修改"的理解也不到位，有的把它当成可有可无的过程，只是做做样子、意思意思；有的把它当成折腾，多改几次就有负面情绪；有的只会靠感觉，不讲方法。

但我可以很肯定地告诉各位，这都是不行的。大部分人都没有意识到一个问题：修改文章比写文章本身，有时更加重要！系统地指导学生进行修改作文，有针对地帮助学生修改自己的作文，一次、两次或者更多次，经过修改练习，学生方能更好地悟出写作的奥秘。

修改的方式有很多种，我常常采用师生共同批改的方法，即学生自己修改、相互修改与教师当面批改相结合。当时使用这样的方法，是因为班额较大，学生的作文无法全部精批细改，把让学生自己批改和同学间的互相修改作为一种权宜之计。没有想到的是，这种做法比起原来自己全部精批细改的效果还要好。

具体操作有如下五步：

1. 明确训练重点和目标。

2. 列出要求。

3. 找出问题，示范修改。

4. 展示作品，集思广益，共同修改。

5. 作品升级。

这五步是我在实践中总结出来的，每一次写完作文我就会快速浏览全班同学的作文，针对本次作文训练的要求，找出存在的问题，然后利用作文课把作文发到学生手中，指出作文中出现的问题，列出要求，让学生按步骤进行修改。

例如，我这次训练如何写好开头，那这次的重点我就只看开头，暂且只用四种方法。

列出要求：1. 是否干净利落，入题快。

     2. 是否用修辞，引发读者赏读的兴趣。

     3. 是否通过景物描写渲染气氛。

     4. 是否引用相应的诗句。

根据写作内容，按老师的要求从以上四个方面修改作文。

这就是我出示在课件上的修改建议，学生则按照要求修改。

如这次获奖的作文《闲步故乡之秋》原稿开头：我爱故乡的秋天，我带你一起闲步故乡之秋。

修改后："落霞与孤鹜齐飞，秋水共长天一色"，这幅秋景图令我向往，我也带你闲步故乡，闲步故乡之秋。

学生就根据提示，由写秋想到关于秋天的诗句，并运用到开头，增添了诗意，把原句中的句子由"故乡"写到"故乡之秋"，似乎更有了文学的气息。

再如，训练作文内容：把语言写生动。

列出要求：1. 勾画出文章中描写的地方。

2. 标出描写句子中的动词、形容词、拟声词等，如果有，看看是否恰当，可否更换，没有可否添加。

3. 勾画出文章中运用修辞的句子，看看是否恰当，可否修改。

4. 勾画出人物描写的地方，看看是否有动作、神态、细节等描写，根据内容修改。

这次获奖的作文《闲步故乡之秋》原稿的一段描写：回过头来想继续前行，却发现天边的夕阳已褪成了暗红色，远处的田野也模糊起来。不远处，田里劳作的农妇正收拾农具准备回家。两个老大爷蹲在路边谈论着什么，旁边一个长者似乎对他们的讨论不感兴趣，只顾抽着烟袋，若有所思地看着远方。地里还有一对中年夫妇趁着天没黑翻整着，丝毫没有撤退的意思。

天色晚了，村子已模糊。

修改后的内容：回过头来想继续前行，却发现天边的夕阳已褪成了暗红色，远处的田野也（雾蒙蒙地）模糊起来。不远处，田里劳作的农妇正收拾农具准备回家。两个老大爷蹲在路边（热烈）地谈论着什么，旁边一个（头戴褐色帽子的）长者似乎对他们的讨论不感兴趣，只顾（吧嗒吧嗒地）抽着烟袋，若有所思地（凝视着）远方。地里还有一对（勤劳的）中年夫妇趁着天没黑（不紧不慢地）翻整着，丝毫没有撤退的意思。

天色渐晚，远处村子已（飘起了袅袅炊烟……）

括号内的内容便是学生按要求修改和添加的，修改后的内容是不是把秋天田地里的场景写得更生动了呢？

所以，大胆放手，让学生自己修改，既提升了学生的鉴赏能力，也授之以渔。

但是在不同的阶段，修改的要求和内容是不一样的，讲究内容的递进，讲究专题，如开头修改专题、结尾修改专题、语言简洁修改专题、语言生动修改专题、文章结构修改专题、欲扬先抑修改专题等，这些专题的练习和修改，更能集中地、有针对地指导学生，让学生也形成了比较系统的写作思维，从而提高写作能力。

目前我负责七年级的授课，我更注重小修改、低难度、小范围、重专题等。这些方法的实施，我个人感觉效果是不错的，每次我班的考试，作文分都高于其他班。

修改文章的方法很实用，只要你平时的习作中加以运用，真正沉下心来修改一篇文章，让你的作文有一种作品意识，你的作文就不会拿不出手了。当你修改好作文再去阅读时，你会发现你的作文竟然成了一篇吸引人的作品。

作家丁立梅说："要让孩子真正热爱上写作，就必须让孩子回到他的本性和自由中去。"指导学生修改作文，让他们依照自己的本心和本性，自由而率真地写作，才是我们今后作文课的方向。

# 萤火虫也有梦想

思南县第三中学　张晓瑛<br>
指导教师　蒲学涛

　　白天已过，天上的月亮就快升起，小小的萤火虫也发出了它的光芒……

——题记

　　莎士比亚说过："慈悲不是出于勉强，它像甘露一样从天上降下尘世，它不但给予幸福于受施的人，也同样给予幸福于施与的人。"

　　我生于2007年，那时国家不是很发达。在那个村子里，我家算是最贫困的，家里一穷二白，仅靠老祖爷留下的几亩地糊口，而居住的房子更是破烂不堪。远看就像个营养不良的人耸立在那里，微风一吹，仿佛就要有倒塌的感觉，这不禁让我毛骨悚然。家庭过于贫寒，自然也招来了村民们的热嘲，但祖父仍坚守着他的工作，在山尖的田头，不紧不慢地干着活儿，时不时地还哼起了小曲，仿佛已经习惯这种贫寒而朴素的生活。而我的父母却很好强，走出了这片深山，不再坐井观天，去外地谋事了。从此，我便随祖父祖母在田间干点杂活，帮他们做些小事儿，也变成了一个留守儿童……

　　我心中多了一个梦！

　　当我的童年快结束时，国家实行了扶贫制度，开展了脱贫攻坚的工作。像我这样的家庭，被列为"精准贫困户"。自此，我发现家里的外墙上三五天就会有新的纸张，而且一些村干部不止一次来我家拜访。几天后，村里的干部还带人无偿给我家修起了新房，挽回了那苟延残喘的房脊。自此以后，我的家便焕然一新了，尽管还是瓦木板房，但至少我家不再是"A级危房"了。村干部还指导我的祖父祖母种植农作物：栽辣椒、花椒、水果等，每到收获的季节，我都会看见祖父祖母脸上犹如麦芽糖般清甜的笑容，在阳光下熠熠闪光，仿佛曾经的黑暗都已退去，只留下一道美丽的风景线高挂在天空。太阳渐渐落下，黄昏逼近，祖父祖母和我收拾山头所获之物，扛着锄头，一摇一摆地走向回家的路，夕阳的余晖下，定格了三个人悠闲的背影……

坚定了我追逐的梦想！

"立下愚公移山之志，坚决打赢脱贫攻坚战。"那一次，我在村里的墙上，无意间瞥见了这句话，当时心中不禁感慨万千，若有所思地踏上了归途。望着眼前这一条条坦荡如砥的大道，星罗棋布，大有长城蜿蜒之态，壮观雄伟。沥青被压得严严实实，交通也不堵塞，四通八达……夜晚悄悄来临，我在街上闲逛，街上的人渐渐多了起来，最后成了人海。远远的灯火明了，宛如天上的街市，星星点点，犹如天上的繁星，在调皮地眨着眼，煞是可爱。街上的商品琳琅满目，令人眼花缭乱，街边的小吃更是让人馋涎欲滴……我望了望前方，发现望不到尽头，我掉头走向回家的路。一路上，晚风轻轻拂过我的发梢，耳畔有沙沙的声响，我在想：希望今后在走自己的人生道路时，也有愚公这般坚定的志向。

愿实现我心中的梦想！

山中岁月容易过，世上繁华已千年。窗外，天依旧蓝，云依然飘，山仍旧青，只不过是家乡换了一种格调而已。

"花叶本无声，与我胜有声。"我只是山沟里的一只小小的萤火虫，却有了做月亮的理想，去照耀夜空！

# 我的作文教学实践

思南县第三中学　蒲学涛

通过多年的教学经验，我认为在语文教学过程中写作教学一直是教学的重点和难点。教师不知如何教，学生不知从何写。常常发现学生写的作文存在很多问题：内容空洞，结构凌乱，叙事简单，语言平淡，书写不工整……针对这些现象，谈谈我在作文教学中的实践。

如何进行作文教学？

我主要是从书写、字数、审题、内容、结构、修改等方面训练学生的。

（一）书写要工整

俗话说"字如其人"，所以书写一定要规范、整洁。每次的作文，我都会让学生写在专用的作文纸上（像中考的作文纸张），字要写均匀，不要写得有的大有的小，有的长有的短，而且要下沉，每个字都对齐下边的那根横线，不准涂画，这是作文的第一要求。

（二）字数要达标

字数达标是衡量作文分数高低的重要依据。初二的学生作文我要求字数要达到700字左右这个标准，这样卷面的排版才比较好看，才有得高分的可能。

（三）内容要具体

内容是否具体是衡量一篇作文的关键，初中生的作文一般都是以写人叙事为主，那么我就以这方面训练为主。

1. 学会审题和选材

我首先教学生审题，看看这篇作文是一个人的一件事，还是一个人的不同事件，或者是几个人的不同事件。如果是一个人的一件事情，那就得认真思索：只能写一件事，不能写多件事；如果是一个人的不同事件，就要考虑通过不同类型的事情来表现人物的性格、品质等。比如，写了学习上的例子后，就不能再写这方面的例子了，就写写生活方面的例子；如果是几个人的不同事件，这几个人最好选择身边熟悉的人，如父母、老师、同学。同样事例也不要举同一类。

2. 内容要丰富

写人叙事的文章，可以把记叙文的六要素写进去（时间、地点、人物、事件起因、经过、结果），也可以加上人物的各种描写（动作、语言、外貌、神态、心理活动），还可以加入适当的景物描写，以及穿插适当的议论和抒情。

3. 结构要完整

结构清晰是一篇佳作的基本要素，也是作文的一个亮点。我主要教学生以小标题和"一线串珠"的形式来建构全文。小标题作文一般要求学生写三个小标题。小标题可以以时间形式呈现，也可以以镜头的形式呈现，还可以用适当的比喻等形式呈现，但几个小标题之间一定要有关联。"一线串珠法"，是指在记叙文的谋篇布局中，以一条主要线索贯穿全文，把一些相对分散、独立的材料串联起来，使之相辅相成，彼此烘托，形成一篇完整的文章的写作方法。"珠"指的是写作的材料，"线"是文章的线索（可以是一句话，一种情感等），张晓英的《萤火虫也有梦想》这篇作文就是以"一线串珠法"谋篇布局的。三个片段分别用了"我心中多了一个梦！""坚定了我追逐的梦想！""愿实现自己的梦想！"作为情感线索，串联起了全篇，使文章结构清晰，也是这篇文章的亮点。

（四）加强课堂训练

学生考试最怕写作文，因为时间短，平时在家完成一篇作文，往往会拖上1~2小时。为了训练学生的写作速度，以及不去照搬别人的作文，我都是在课堂上花两节课的时间完成，先用15分钟左右的时间讲解写作的某一知识点，比如，如何写好小标题？如何用"一线串珠"？如何点题？然后出示这次写作题目，要求学生在作文中要运用到老师所讲的方法，学生一次写作的时间大概在一小时。开始有一部分人完成不了，随着训练次数的增多，一学期以后全班学生几乎都能完成。

（五）注重评改

一篇作文，我会花上4~7分钟时间来评改。精彩之处，要进行勾画批注。如题目新颖，某一句用的修辞恰当，描写形象、生动，线索清晰等。不当之处也要指出，让学生拿到自己的作文就会知道优点、缺点是什么，再进行下一步的修改。在修改前，老师会选出本次的优秀作文进行展示，并让学生说出好在哪里，然后对比自己的作文，结合老师的点评进行修改，修改完后再工整地抄写在作文纸上，这样才算完成了一次完整的作文教学。

（六）学会感悟

每次作文发下去以后，我会让学生互相传阅，相互欣赏，找出优点与不足。好在哪里？不足是为什么不足？这样让学生经常反思、感悟，很多学生还养成了写总结的习惯，悟到了不一样的收获，这正好体现了代泽斌老师"少教多学"的教学理念。

虽然作文教学有一定的难度，但我认为不是"老大难"。老师得到一篇佳作时的喜悦，学生作文得以展示时的兴奋，都成了教师教学和学生写作的前进动力。我相信实现"快乐作文"的日子不会太远！

# 家乡"三老"

思南第三中学　黄　洁
指导教师　许忠艳

锦绣山河万里，最美不过故乡一片天地。

——题记

## 老路延绵迷人眼

鲁迅先生说过："世上本没有路，走的人多了，也便成了路。"掀起记忆的面纱，外公家门前的那条老路又浮现在我眼前。四季更替，韵味犹在。

几年前，它坑坑洼洼，凹凸不平，禁不住风雨的洗礼。"我这一把老骨头迟早散架。"外公艰难地朝前走，鞋后跟早已沾满了黄泥。他露出了一抹苦涩而无奈的笑容。又是春冬几载，老路铺上了一层细石，仿佛夹杂着淡淡的泥土香。外公的步伐也变得轻快了许多。

"阿洁啊，这路走起来可真是安逸！"阳光透过树叶的缝隙，洒在外公上扬的眉头。路边没有诗中的鲜花怒放，只有朵朵秀美的小花羞答答地绽开，她们掩面轻笑，娇小可人。清香四溢，漫过老路，被风吹向远方，沁人心脾。

我与外公站在路边笑谈家常。

老路绵延，是家乡最迷人的景色！

## 老井低吟漾耳边

屋后那口老井，自我懂事起它似乎就在了。大人说，水井很深，危险极了。可我皮惯了，大有种"初生牛犊不怕虎"的味道。

"阿洁，从井里舀点水来，小心点！"母亲的叮嘱声从屋里传来。"好！"我走近老井，探头往井里望：

井水悠悠，清如铜镜，好似一片被参天大树围绕的湖泊，压抑且忧郁，仿佛隐藏着无尽的危险。

心里稍有些发麻，忙打了一盆清水，手抖，清凉的井水溅在手上。用手指轻划过水面，从指尖传来的凉意驱散了夏日的炎热与心头的不安。"来了没？"猛然回神，恋恋不舍地将指尖从井水中抽出，匆匆朝屋里跑去。

夏雨来得迅急，刚进门，便听夏雨"哗啦啦"地倾盆而下。湿了柳的发，惊了井中鱼。可夏雨又是极不寻常的，上一秒还豪爽至极，干脆利落；下一秒却如少女的爱意，多情，缠绵，轻盈细腻，温柔至极。

听雨的声音，"滴答滴答"在井中漾开，空灵，清明，宛若一支婉转悠扬的小曲儿。

老井低吟，是家乡最动听的小曲儿！

## 老树无言醉人心

一道道年轮圈出似水流年，一片片树叶漾开儿时的回忆。那棵老树似乎一直倚在外公家的矮墙上。

他已年迈，却也见证了这片土地的一切辛酸与温馨，落蕊铺得满地，微细柔软，他是秋最好的点缀。

记得儿时，总爱和玩伴一同在落蕊上打闹，小小的几团不分方向，玩累了，倒地就睡，任凭"白花"懒懒地落在身上。

耳边似乎回荡着那时银铃般的笑声，嘴角也不禁上扬。黄昏之际，眺望远方，群山由近到远，隐入暮色，宛若一幅泼墨山水画。余晖四映，万籁俱静，唯闻鸟空明。晚霞映着暮色，漾在西边。一群孩子在老树的怀抱中，忘却烦恼。

老树，倚着矮墙，半轮夕阳散发着一天中最后的流光溢彩。余晖四映，是黄昏的一场旖旎。

老树无言，是家乡最难忘的回忆！

兜兜转转，游走于城市的灯红酒绿，忽而忆起故乡的景物和人情世故，还是无比怀念故乡的那片天地。

# 作文提分技巧之我见

思南第三中学　许忠艳

常言道："中学生有三怕：一怕文言文，二怕写作文，三怕周树人。"一提到写作文，许多学生脑海一片空白，都有畏惧心理。那么如何才能消除学生对作文的畏难情绪，培养学生的写作能力呢？我在平时写作教学中，通过反复实践总结出以下八点经验。

一是巧用题记。题记是指写在文章题目下面，正文之前的文字。一般比较简短，语言优美凝练、富有文采，题记可以指示、凸显文章的主旨及感情，激发读者的阅读兴趣。如学生作文《家乡"三老"》中的题记："锦绣山河，最美不过故乡一片天地。"这一题记与题目相照应，这种题记的方法叫照应式。

二是巧用小标题。小标题结构法就是将若干个围绕中心选用的、典型的，能显示作者独特视角的材料，分别统领几个小标题下，有机组接成篇的结构方法。小标题的位置必须居中。使用小标题能够吸引读者，使行文条理清楚，让读者在阅读过程中更快更准确地理解文章内容，并了解写作意图。如学生作文《家乡"三老"》中的三个小标题"老路延绵迷人眼""老井低吟漾耳边""老树无言醉人心"，读者一看，就知道作文中写了家乡的老路、老井和老树，抒发了作者对家乡的无比热爱之情。

三是巧用修辞。大家无论是在课堂学习上，还是在课外的杂志上，都可以看见写得好的文章总是运用了许多修辞手法。在作文中巧妙运用各种修辞手法，可以有效地增强文章语言的表达效果，达到化抽象为具体、化枯燥为生动、化平凡为丰满的目的，给读者如见其形、如闻其声的感觉。

如学生作文《家乡"三老"》中第三段"路边没有诗中的鲜花怒放，只有朵朵秀美的小花羞答答地绽开，她们掩面轻笑，娇小可人"。这句话运用拟人的修辞手法，赋予小花以人的动作情感，生动形象。又如"井水悠悠，清如铜镜，好似一片被参天大树围绕的湖泊，压抑且忧郁，仿佛隐藏着无尽的危险"。这句话运用比喻的修辞手法，生动形象地写出了井水的特点。

四是巧用词语。不管什么文体的文章都要求语言准确、简洁、明了。一个生动的词语，可以给句子增色，一个意蕴深刻的句子，能够点亮全篇。因此，用词时要尽量选用那些准确传神、富有个性化的词语，努力做到"以字传情"。造句时，要言简而意丰，生动而优美。如学生作文《家乡"三老"》中"空灵、清明、旖旎"等词语。

五是巧用线索。线索是贯穿文章始终的脉络，它把文章的各个部分连接成一个统一和谐的有机体，使文章内容浑然一体。如学生作文《家乡"三老"》中的线索是作者对家乡的热爱，用这一情感线索将丰富而生动的"珍珠"串联起来，使文章结构井然有序，内容浑然一体。

六是巧用评改。叶圣陶先生说："'改'与'作'关系密切。"在作文批改中，我常用互批互改的方式。要求学生批改作文时，要做到：①找到有语病的句子，②不恰当的词语，③错别字，④错用标点符号……用双色笔圈出并修改，最后写上简单的评语。养成修改自己作文的习惯，修改时能借助语感、语法、修辞常识，做到文从字顺，能与他人交流写作心得，互相评改作文。实践证明这个方法十分有利于调动孩子们的写作积极性。

七是巧用名句。在写作文时多引用、化用名言警句，可以让老师折服于自己的才华之感，也能增强文章的说服力。所以，平时我都建议孩子们多看一些名人传记和名言警句之类的书籍，在看的时候，遇到好的名人名言时，就要记在积累本上，闲暇时拿出来拜读一番。这样做不仅能提高自己的文学素养，还能在考试时熟练引用。如学生作文《家乡"三老"》中第一段引用鲁迅先生的话"世上本没有路，走的人多了，也便成了路"，从而引出第一部分的内容。

八是巧用素材。叶圣陶先生说过这样一句话："生活犹如源泉，文章犹如溪水，源泉丰盛而不枯竭，溪水自然活泼流个不停歇。"我们生活在大自然中，作文就是把我们在生活中的所见、所闻、所感用恰当的语言表达出来。这就要求学生多体验生活，广泛积累写作素材。

　　作文教学是语文教学中一个重要的环节。而传统的写作教学模式比较单一，上课时大都是老师在讲学生在听，学生的主体作用没有得到充分发挥。而《新课程标准》中明确提出教师是主导，学生是主体，我们在教学过程中要充分发挥学生的主体作用，让他们多读、多想、多说、多练。时间久了，学生在写作文的时候就会记真事、写真人、抒真情、发实感，从而不断地提高写作能力。

## 黔味桑梓
## ——醉美丹都

铜仁市第六中学　蒋凌钰
指导教师　佘彩娥

巍峨梵净孕育灿烂文明，滔滔锦江濡养世代子孙，多彩九龙蕴含神奇传说，丹色朱砂映射革命道路……从夜郎越到现代，绵延出厚重的历史文化，从改革开放到新世纪，变幻出令人惊艳的都市文化。这便是以黔味为主旋律的醉美丹都——我的故乡。

若说此处与别的地方有何不同，便是它滋养了这里的人们，爱人在这里相爱，亲人在这里相守。记忆里的故乡是由不同的小巷组成的，一条绵延回环的木杉河贯通村庄，木杉河濡养了这里的人们，他们安然体味人生，享受生活，不为鸡毛蒜皮的小事争吵，邻里睦里和谐相处，常常是"一方有难，八方支援"。闲暇时光，他们聚在一起下棋、品茶，守候心里的那一丝明净，不为外界的浮躁、喧闹所打扰，仿佛从桃源中走来，纤尘不染。醉美的故乡是那黄昏时分，一轮红日染红了半边天，南飞的大雁振翅越过小镇上空，道道霞光洒落人间，青瓦白墙，烟雨小巷，又一朦胧梦幻之美。河岸杨柳依依，啁啾鸟鸣，妇女们唠着家常，哼着小曲，在河边清洗衣裳，欢声笑语萦绕整个村庄。孩子们都已放学归来，大人们扯着嗓子吆喝自家孩子回家吃饭，你一言，我一语，相映成趣，奏响了欢乐的乐章。到了薄暮暝暝之时，家家户户炊烟袅袅，大人的炒菜声与孩子的嬉闹声交互错横，宛如一首美妙的交响曲，营造出一种其乐融融的氛围，人间烟火气，温暖之情油然而生。

常常听爷爷说起，从前的家乡，道路坑坑洼洼，房屋破漏，晚上睡觉时常常漏雨，可谓"床头屋漏无干处，雨脚如麻未断绝"，民生凋敝，忍受饥寒之迫。自改革开放以来，丹都人民挖采矿石渐渐富裕起来，出产的"珍珠花生"深受广大人民群众的喜爱。如今，柏油马路联通各个村庄，座座高楼大厦拔地而起，精准扶贫使人们生活幸福，安居乐业。啊！如今的家乡真是一派欣欣向荣、蒸蒸日上的景象！

忆往昔峥嵘岁月开采汞矿救济祖国，看今朝精准扶贫引领人民奔赴小康，展未来我丹都必在时代创新中焕发新的生机与活力。

唯愿醉美丹都不忘初心、牢记使命、砥砺前行、不悔拼搏、不负国家，在日新月异、风云变化的21世纪里，始终坚守那一份典雅，依然活色生香。

丹都啊！你以博大的胸襟包容了迷惘的我、思索的我、拼搏的我，那就从我的绵薄之力中去取得你的富饶、你的美丽、你的蓬勃。丹都啊，丹都，我伟大的母亲，我亲爱的故乡！

# "少教多学"在初中语文作文教学中的运用

铜仁市第六中学 佘彩娥

学好语文需要具备扎实的文字功底,能够进行熟练的阅读解答,并掌握大量的词汇,能通过各式各样的修饰与文字衔接,写出精彩的美文。伴随着语文改革的不断推进,初中语文作文的教学也呈现出百家争鸣、百家齐放的趋势!于我而言,"少教多学""授人以鱼不如授人以渔"的教学理念受益匪浅!初中作文分文体,对于不同的文体类型,学生们都需要潜心学习。首先,作文是实效性的学习成果,学生不仅要有真情实感,还要掌握写作技巧,两者结合才能写出一篇美文。另外,还需要学生在语文学习中进行长期的积累和沉淀,也就是所谓的文学素养的培养。学生主动地学习、积累远比老师不厌其烦地讲解见效快!

要实现作文的有效教学,语文教师首先就要纵观全局,并且做出学期、学年,甚至每一学段的作文教学计划。比如,从纵向上可以建立一个作文练习序列,七年级以自由写作为主;八年级以规范写作为主,教师提出一些规范和操作方法;九年级以自主写作为主,目标设定为表达学生个性,使学生写得更好。从横向上可以使用成长记录袋,例如,第一个月达到基本符合题意,第二个月达到有中心、有内容等。总之,教师要在作文教学中设置目标明确的写作任务,形成一个写作的梯度训练体系。每次写作任务都要向学生提出具体而又适度的要求,让学生通过自己的努力获得成功,体会到写作的乐趣。在 2020 年 12 月 8 日我们班上有 5 位同学参加了第四届"熏风杯"以"乡貌"为话题的现场作文比赛,4 位同学获得一等奖,蒋凌钰的《黔味桑梓——醉美丹都》获得特等奖!每一次写作任务,我都先让学生自己说说构思，然后再和学生们探讨主题的升华，列出写作的提纲。

其次自由写作，放飞心灵。为学生的自主写作提供有利的条件和广阔空间，减少对学生写作的束缚，鼓励学生自由表达和有创意的表达，鼓励学生写想象中的事物。在作文课中，教师首先应明确是指导课还是讲评课，在指导课中，教学的重点是开阔学生的写作思路和启发学生的自由表达。海阔天空的想象是十分重要的心理活动，要让学生充分释怀，不限时间、内容、篇幅、题材，只要真诚健康，学生大可以天马行空，想怎样写就怎样写。可以写高山流水，也可以写海啸山崩；可以写平凡生活，也可以写真诚崇高；可以写未来世界，也可以写眼前一物……学生的个性得到表达，他们会乐于写作，更能使想象力得到发挥。文章犹如溪水，泉源丰盛而不枯竭，溪水自然流个不歇。因而，指导学生的作文创新要充分发挥课堂教学的辐射、导向和延伸功能，把学生作文同学校、社会的实践活动紧密结合起来，让学生在学会生活、增强实践能力中提高分析、判断事物的能力，拓展自己的写作思路。

最后开放作文批改、讲评途径，指导欣赏个性化语言。作文的批改、讲评，如果单是教师的专利，这样对培养学生的写作能力是很不利的。叶圣陶老师说过："'改'的优先权应该属于作者本人"，所以作文教学要着重培养学生自己改的能力，我便非常重视让学生尝试修改自己的作文。不仅如此，我还开放了作文评改的途径，让学生真正参与评改。第一种方式：师评生改。作文后，教师对本次作文总的情况进行评价，然后提出要重点注意的地方让学生自己修改。教师在提修改要求的时候，可以采用富有趣味性的语言，便于学生接受和学习。第二种方式：小组评。以小组为学习单位，组长负责组织学生评改。先由小作者朗读自己的习作，其他学生听。之后关注生活，积累经验，生活的丰富多彩使作文有事可写。写作练习应先从学生熟悉的写起，写自己想写的人和事，写自己想说的话。比如，在七年级第一个学期，我让学生写暑假，写初入中学校园的生活、感觉等。平时我就教会学生关注生活，多维思考，及时捕捉写作灵感。积累有两种途径，分别是实践积累和阅读积累。实践积累就是学生在生活实践中通过真实感受来积累直接经验。例如，高尔基的《童年》就是在实践积累的基础上完成的。阅读积累指学生通过课内外文本资料的阅读来获得间接经验。每个人的时间和精力都是有限的，通过阅读来获得作文素材是积累的一个必要手段。"学生批改——小组交流——教师浏览——集体评讲——教师点评——相互批改——教师检查"，这样一个师生互动的评改模式，以多方位的形式促进学生作文水平的提升！

　　作文讲评也很重要。讲评时，既可以全篇讲评，也可以强化局部。指导欣赏作文中写得好的个性化语言，可以强化学生在表达中培育个性化语言。比如，有的学生写出了"圆珠笔在纸上快乐地蹭痒痒""我听到了雨滴欢唱的声音"等典型的富有个性化的语言，体现了学生的天真烂漫，他们把现实当作了美丽的童话世界，因而能把平平常常的事物想象得这样美妙。教师在批改时用面批或是讲评时给予肯定、欣赏的语言，学生也许会写出更多更好的个性化语言，把本来丰富多彩的世界表达得更为精彩，充满灵性的语言便如雨后春笋般涌现出来。奔腾咆哮的长江水东流不息，那是个性；"遥知不是雪，为有暗香来"的梅花独立寒枝，那是个性；一年四季不落叶的常青树一生都郁郁葱葱，那也是个性。学生的语言点评也是学生情感的宣泄！"少教多学"有助于学生情思的飞扬！在这个过程中，教师需要注意避免以下三点：一是学生自评、互评不是教师减轻负担的手段；二是教师要注重引导和指点，将共性问题加工整理，为学生指点方向；三是着重培养学生修改作文的态度，鼓励学生不断认识自己的优缺点，领会为何这样写会比那样写好，进而提高写作水平。

　　语文是所有学科中最基础的学科，正如数学家原复旦大学校长苏步青所说的："如果数学是学习自然科学的基础，那么语文则是基础的基础。"就语文而言，平衡应试需要和开放教学的办法就是鼓励学生多读书，让学生养成读书的爱好与习惯尤其重要！但凡是学霸的学生，没有一个是不爱看书的，在长时间阅读之后，很明显的一个变化就是学生的知识量提上来了。在语文学习中，阅读是信息的吸收，写作是情思的表达，背诵是经典的储存。这三者同等重要，不分主次，缺一不可！"少教多学"是提升语文素养的另一途径！愿每一个奋战在作文教学路上的老师都能品味教学的甘甜，享受教学的幸福！

## 携一抹乡影入我梦

贵州省松桃民族寄宿制中学 龙俊峰<br>
指导教师 杨 丽

这是一本破旧的相册,却是我的珍宝。我情不自禁地翻开它,在一张黑白模糊的家乡照片上顿住了手。照片中——鸡鸭成群,一段段泥泞的山路环环套在一座座高耸的山峰上,到处是低矮残损的木屋。这些无不在告诉人们,这只是一个贫穷的村落。

九岁时,我便随父母在外,自然不知短短数年,家乡已焕然一新。直至归乡的父亲给我带来了一张家乡这些年的明信片时,透过那明亮的街道,那一幢幢高大的楼房,我深感喜悦,如今家乡再不是照片中的景象了。我抑制住那颗炽热且激动的心,买了一张火车票,踏上了归乡之路。一下火车,我便好奇地到处望——街上车水马龙,人群熙熙攘攘……让我目不暇接。我的心在跳动着……看到这些,我迫不及待地跑回家中,木椅上,祖父见了我,迈着矫健的步伐来到我面前,喜笑颜开地摸了摸我的头,便唤堂哥带我出去走走。

于是我与他漫步街头,望向那路旁挺立的银杏树,那飞驰而过的汽车,我的心又跳动起来……有时路过路边摊看到一些儿时的小吃:糖人、棉花糖、牛皮糖,但使我印象颇深的便是"糖人"了。只见"糖人"师傅将冰糖放入炽热的铜勺中,不一会就化成了金黄的糖浆,时不时还会发出"滋滋"的声响,如音乐一般动人。接着他熟练地拿起夹子夹住铜勺,慢慢地将糖浆注入刚才取出的模具中。他把铜勺一放,掏出一个"大圣"玩偶,待糖浆凝固未硬时,他套上手套,目不转睛地盯着"大圣",三下五除二地捏完"糖人"后递到了我的手中,我不禁感叹,家乡小吃的花样真是越来越多了。

回味起刚刚尝过的小吃,我不由得想起儿时天天吃土豆的情景:那时家里、乡里都穷得揭不开锅,大多人家便以土豆为主食。我仍清楚记得母亲削土豆时划伤手指的情形,也忘不了家里唯一的十斤土豆不翼而飞时,母亲心痛地流下了眼泪……

这时,一群学生向我们走来,我萌生出要去母校看看的想法。果不其然,那设施简陋的学校,那低矮的图书馆,已变得精致美观起来,它们无不使我感到自豪。

逗留几日后,我带着装满家乡剪影的相机,在祖父与堂哥依依不舍的目光中,我踏上了开往我生活的城市的火车。

合上相册,在月色皎洁、寂静无声的夜晚中,伴随睡意的到来,于是携一抹乡影,甜甜入梦……

# 初中语文作文教学中的"主角效应"探讨

松桃民族寄宿制中学　杨　丽

**摘要：** 作文作为语文课程中十分重要的内容，一直以来，都是一个有难度，但也有趣味的课题。教师在平时的作文教学中，常常会陷入各种各样的困境中。探讨"主角效应"在初中语文作文教学中的具体实践方法，意在培养学生的主人翁意识，创设最具灵活性，符合作文题材又贴近生活的科学方法，最大成效地发挥学生主体感官的作用。

**关键词：** 初中语文　作文　"主角效应"　实践方法

《2021部编版初中语文新课程标准》中，关于作文的要求就有10条，且最后一条明确表明"作文每学年一般不少于140万字，其他练笔不少于一万字，45分钟能完成不少于500字的作文"。由此可见，无论语文课程标准如何更新，作文在其中都占据了十分重要的位置，始终是语文的半壁江山。

"主角效应"在我看来，是一种集想象力、创造力和美感于一体的一种作文教学方式，它充满感性色彩，能积极调动学生的写作兴趣，是目前我在初中语文作文教学中常用到的一种教学策略。它能够有效地通过日常生活中学生感兴趣的元素，让学生代入自身角色，更好地感受生活，体验情感，在模拟游戏中习得作文写作的方法。

## 一、"主角效应"的应用方式

"主角效应"在我作文教学的实际操作中，大多被应用在代入角色，开拓想象力和创造力，增加学生写作素材，增长学生见识的目的实现中。增加写作素材，激发学生写作兴趣，启发思维，让学生在角色代入中，自发地对文字进行丰富的创作是我在教学中的重要目标。

## 二、"主角效应"的具体落实方法

### （一）化身课本主角

在我看来，优美的语言如果没有实践的参与，永远只是僵硬的语言，它没有生命力。写作源于生活，有生活轨迹，学生在写作时才有文字可依。现实中，随着初中学生课程量的增加，学生的活动范围大部分在校内，生活经历着实太少，写作素材自然匮乏，有时甚至看到作文丝毫没有灵感。此时就可以让学生以学过或正在学的课文为跳板，化身课文里的"主角"，架起课文与作文之间的桥梁。以这次参赛作文的话题"乡貌"为例：当时我教的是初二的学生，他们对于家乡的印象还很浅薄，也不知道怎么有效地梳理成文字，这时我便以符合"乡貌"主题的鲁迅先生的《社戏》为例，带领学生再次阅读课文，让学生自己找出鲁迅家乡的相关信息，再在班上互相交流鲁迅先生是如何让这些信息组成一篇感人的文章的，之后让学生化身为鲁迅先生，再去感受一下他故乡的风俗、故乡的人、故乡的趣事等，学生一下就产生了共鸣，主动举手分享自己家乡的风俗人情。接着，我让学生分成几个小组，互相收集自己印象最深的家乡事物，并用文字整理出来在班上分享。这样，学生通过"主角效应"，在同学的互相展示中有了写作素材，文字也因为化身课文主角的缘故而更显真诚。甚至有的学生直接拓展思维，跳出课本，牵引出许多有意思的故乡美食、美景、美事……

### （二）巧借多媒体

"问渠那得清如许，为有源头活水来。"这个"活水"便是网络。现如今是信息社会，我们应当顺势为之，让学生们可以在语文课堂上接触新鲜知识，接触外界思想。教师要充分利用互联网、多媒体来调动学生的感官，使其视觉、听觉都更加聚焦。校园生活对大部分学生来说是枯燥的，而多媒体创作的生活情景画面可以激发学生的写作兴趣。例如，我就特别喜欢在作文教学中穿插符合主题的热播剧、热播综艺或热门电影，并让学生化身剧中的某个人物来梳理作文思维。如七年级下册第三单元写作主题为"抓住细节"，我就用了电影《少年的你》来教学，让学生选择里面的角色自由化身，自己来谈谈在刻画"自己"这个角色时，会用哪些细节描写来表现人物性格。这样，课堂就更具有开放性，有利于学生巧妙地融合到生动鲜活的现实之间，其想象力和创作兴趣也能通过文字表述更上一层楼，能非常细腻切身地实现有效的作文教学。

（三）做生活的小"戏精"

毕淑敏曾为自己的精神修了三间房屋，我尤其喜欢她的第一间房屋"盛着我们的爱与恨"。写作也是这样，学生在构思时，将自己的各种情感，经过润色盛放在文章里的过程，不也像修建一间屋子吗？我经常引导学生做生活的小"戏精"，在现实情景中有所感时，化身自己精神世界的主角，为自己"导戏"。比如，某日上街等红灯时，看到各色行人，便可以启发学生代入进去，根据行人的穿着、神态等，合理、正能量地脑补这个人的生活环境等，这样既可以锻炼学生的想象力和拓展力，也可以让学生更加感性，写出来有温度的文章，而不是"无病呻吟"和"少年强说愁"的尴尬。

初中语文作文教学任重而道远，"主角效应"的作文教学实践，让我在教学中充分培养了学生的主人翁意识，而不是传统作文教学的"一言堂"，有利于调动学生写作的学习兴趣，激发学生的想象力和创造力，是一种符合学生年龄段的健康、趣味性教学。当然，"主角效应"只是我在作文教学中的浅薄尝试，还有很多不足，力期在今后的教学中逐步改进、完善。

**参考文献**

[1] 田歌. 探究情景体验在小学作文教学中的实践 [J]. 学周刊，2019（8）：125.

## 我与爷爷的乡恋

松桃民族寄宿制中学　杨翌晨
指导教师　唐建云

　　少女明亮的眸子打开岁月尘封已久的暗窗，一座座楼房披彩虹，一排排绿树迎春风。目光停留在故乡的彼岸，而在那彼岸的尽头，新建的广场霓虹闪烁，崭新的街道碧树繁花，站立着我此生最挚爱的爷爷。

——题记

　　小时候，家乡是泥泞中的荆棘。

　　刚上小学，爷爷每天辗转八趟送我上学。依稀记得，从爷爷家到学校的路总是崎岖不平，爷爷怕我摔着磕着，便一边背着我走那段坑坑洼洼的小路，一边唱着："你入学的新书包，有人给你拿……"他身体并不好，家里人管他叫"药罐子"，尤其碰上雨天，咳得更厉害。春雨淅淅，我安心趴在爷爷的背上，爷爷的汗珠子顺着发丝划过我的脸庞，可他只抱怨路不好走。

　　小学即将毕业，家乡是三月江南里的瓦砖。草长莺飞，云岫成诗。处处铺起了水泥路，爷爷乐开了花。时常有几位老人闲坐路边眉飞色舞地聊着天。我和小伙伴手牵着手跳起了皮筋，欢笑声开满了枝头，晕染了整个村庄的故事。天空暗成淡蓝，远处群山如黛，透过墨绿色竹林，只见炊烟熏红了晚霞。

后来，家乡在岁月皓齿间吟成了诗。

一座座楼房披彩虹，一排排绿树迎春风，广场霓虹闪烁，街道碧树繁花，一辆辆小车川流不息，人群熙熙攘攘，城池遗迹刻满了的印记。我与爷爷一同逛着夜市，琳琅满目，繁华得让人眼花缭乱。傍晚时分，警察叔叔开始了城市治安的工作，月亮保安也出来巡逻了。城市坠入温柔的困意，夜色如诗。望着远处人来人往的街道，爷爷拉着我的手，泪珠子在眼眶里转，他说："我就知道，咱们一定能迎来一个美好的盛世！"

如今的家乡盛开着漫山遍野的温柔。

新冠疫情突袭人间，那个人们一直认为落后的小县城早早便筑起了防卫长城。人们听从管理，配合治安，个个都待在家里，为国、为家乡减轻一份负担。电视台每天都循环播放着一支支抗疫战歌，展示着一帧帧感人画面。人们心存感恩，时刻赞美着那些和时间赛跑、冲锋陷阵的抗疫人员……疫情防控工作在这个小县城里井然有序地进行着。

爷爷在四季轮回中苍老了容颜，最终消失在岁月的尽头。但家乡的一草一木，日暮朝夕都让我年复一年地朗读。我将爷爷生前最爱的这片土地比作慈善的老人，我愿它千山暮雪，海棠依旧；愿它的怀里不断涌出新鲜的血液，仍然岁月静好。

我曾幻想，或许是我路过人间桃林沟一顾惊鸿，才能诞生在这个美丽的县城，一览青山隐隐、星光杳杳、小雨淅淅、晚风漫漫，并观望它的不断变化。或许是上帝打翻银河，种下一簇簇玫瑰，汇聚成我的家乡。

# 少教多学，实现作文教学课堂改革

松桃民族寄宿制中学　唐建云

作文课堂，是在语文教学中十分重要的组成部分，也是在教学时为数不多且需要注重心理诱导作用的课堂。学生写作能力的培养，不仅仅依赖于教师的教学内容，更多地体现在学生平时生活中学习、运用文字能力的综合素养上。在这样的前提下，"少教多学"就成为作文教学改革时的重要观念和实践方式。正如邓昌炎教授所说的"在课堂这个舞台上，老师只能是导演，绝不能成为主角"。现以学生撰写的获奖作品《我与爷爷的乡恋》为例，谈谈我在作文教学中的一些策略与心得。

## 一、教导"反思"而不是"套路"

在现在的作文教学中，由于教学进度的压力和批改难度的制约，许多语文老师在进行作文教学时喜欢将其固定为一个一个的套路，这样写出的文章虽然在考试时能差强人意，获得平均线左右的分数，但很难在真正意义上提高学生的写作水平。

我认为，一个真正能对学生写作水平起到帮助的课题，老师教导的重点一定是"反思"而不是"套路"。如何反思？反思，就是学生能基于自己的问题发散思维、探讨、议论，最后对问题进行解决，这就需要学生充分发挥学习的主观能动性，更多地去自己学习，就更需要老师"放开课堂"，给予学生更多的时间去思考。在教学时少教些套路化、公式化的内容，多提出问题，并引导学生自己去思考、解决问题。《我与爷爷的乡恋》这篇获奖文章中字字句句都能看出学生对家乡的眷恋。例如,"小时候,家乡是泥泞中的荆棘。""后来,家乡在岁月皓齿间吟成了诗。""如今的家乡盛开着漫山遍野的温柔。"这些句子都体现出学生对家乡变化的思考,对"乡愁"定义的思考,对自身的思考。正是因为这些思考,文章才显得真挚而深情,这就是反思教学对于学生的培养体现。

### 二、教导"积累"而不是"效率"

无论是杜甫还是鲁迅,古今中外的文学家们无一不在强调写作时积累的重要性,"读书破万卷,下笔如有神"。读,是写作的基础,是文章的基石。而学生积累的过程就是将零散的写作素材整理成具备个人风格论点的过程。但是随着信息时代的到来,越来越多的家长、学生甚至教师都开始讲求"效率",市场中《一个月练就高分作文》《三种写作套路助力满分文章》等所谓的作文速成班大行其道,这是教育领域开始浮躁的体现,也是所有语文老师值得警惕的现状。

要知道,作文是无法取巧的一门课程,你积累、沉淀的多少决定着你写出的文章是否有深度、有广度。就像这篇获奖的作文《我与爷爷的乡恋》,学生之所以能将抽象的乡愁具体化,用家乡的草木山水、人物的情感写成一篇足以打动阅读者的文章,是学生对家乡情景的积累,对描写乡愁的古今诗人所做咏叹抒情词句的积累以及对行文遣词方式的积累所综合而成的结果。如果任意一种积累不够,这篇作文都将失去其现有的荣誉,沦为泛泛之谈。

### 三、教导"总结"而不是"创造"

作文,是学生将自己内心中丰富的情感和故事通过文字进行表达的过程。对于一篇优秀的文章而言,做好行文逻辑的构思,学会遣词造句的运用,化用诗词歌赋的文采三者缺一不可,而想要达成这样的作文素养,"总结"能力的教学必不可少。对于学生来说,年龄尚浅的他们无法体会《边城》中的人性光辉,无法理解《活着》里的生活百味,就连《静夜思》所描绘的月明思乡之景也只是似懂非懂。在这样的前提下想要写出一篇好的文章，教师更需要教导的是"总结"而不是"创造"。

当学生通过反思理解问题，通过积累充实自身时，总结是帮助学生升华自身文章的最佳途径。正如那篇字字抒情的作文《我与爷爷的乡恋》，我们能从中看到时代变迁的沧桑，看到求学游子对故乡的思恋。这正是因为小作者学会了总结。总结流畅通透的段落结构，总结积累的诗词歌赋，化用成触文见景的妙词佳句。一些学生在写作时总是想要"创造"出个性化的文章，这想法本没有错，但作为教师，我们应该引导学生在自我"创造"之前，先学会"总结"之前的反思和积累，由浅入深，由近及远。

当然，作文水平的提高非一朝一夕之功，这种由语言、思维想象等多种因素构成的能力需要教师付出更多的心力去教导、实践。"少教多学"只是教学理念中的一种，教师也要避免经验主义的桎梏，积极分析课堂中存在的问题，不断改进、优化，这样才能帮助学生掌握更好、更有帮助的作文写作方法。

# 乡　　韵

思南三中　刘丽娜
指导教师　郭晋芳

随着汽笛声的渐行渐远，我独自背着行李走在乡间路上。已值暑假，我又回到了家乡。

来到爷爷家，一进家门，爷爷正在玩手机。走近一看，才发现爷爷竟然是在追剧！想不到年近古稀的爷爷也这么"潮"，厉害呀，我的爷爷！与时俱进呀！奶奶这时也凑热闹："老头儿，你快来看看哇，咱也拍一个传上去，好不好哇？"

闻声，我与爷爷一同过去，来到奶奶身边，我惊讶地发现奶奶更厉害，居然刷抖音玩自拍。我还在震惊中未缓过来，奶奶便将我拉了过去，喊爷爷："老头儿，你给我和孙女拍个视频，我发抖音。"边说边带我摆起了pose。折腾了好一会儿，我才逃离现场，奶奶那"神拍功"，一拍便不停，我可 hold 不住呀！

夕阳慢慢地坠下山去了，满天红霞，好似天女披上了一件红衣裳。吃过晚饭，奶奶换了衣服，好似舞裙，又不似那般招摇，手中拿了一把扇子，拉着我直奔门外。我糊里糊涂地被奶奶拉到了一片空地上，突然耳边传来了歌声"暖阳下，我迎芬芳，是谁家的姑娘……"

原来台阶上有一台录放机，周围还有许多人与奶奶同一服饰，随着音乐的响起，她们舞动了起来。动作整齐划一，没有芭蕾的灵巧，亦没有街舞的激情，却透着一丝纯朴与自然。不知不觉间我也随着音乐学着奶奶她们跳动起来。

奶奶们的衣裙随着旋律微微浮起，扇子的花边时不时跳动一下，脚下如行云流水，动作轻盈，她们的脸上始终带着笑意，在月亮的照射下显得恬静而安谧，乡村真美！

走在乡间路上，昔日那泥泞的小路变成了又宽又平的水泥路，回乡再不会"晴天一身灰，雨天一身泥"了。每到周末，村里的农家乐可热闹了。

此次回乡，感慨颇多。泥泞路变成了大马路，木房变成了小洋楼。村民们的精神生活也丰富多彩，道路在改变，生活在改变。看着天空繁星点点，看着河水微波粼粼，听着田间杂虫鸣叫，听着村间鸡鸣狗叫，乡村真让人安宁。

变了，变了，我的家乡变了。它开始向前冲刺，向着幸福飞奔。想到这儿，我不禁哼起了歌"走在乡间的小路上，暮归的老牛是我同伴……"

# 我手写我心
## ——应多让学生写生活随笔

思南三中 郭晋芳

作为一名语文教师，我始终认为随笔（或者日记）应该成为学生尝试各种叙述的一个平台：在内容上，可无所不写；在形式上，叙述、描写、抒情、议论随意选用。

我通常布置随笔，不限定内容，不限定字数，学生可写任何自己想写的东西。我的目的是既希望对学生作文有所帮助，能够积累作文的素材；又希望了解学生的想法，便于跟学生进行交流。可是一开始学生交上来的随笔，几乎是千人一面，千篇一律，我们不能说这样的作文不好，却觉得单调乏味。比如，我发现学生交上来的随笔几乎是一样的格式、一样的语调："今天是星期六（日），早上我起得很早（或很晚），起来后我就做作业，做完作业后看电视（或出去玩了一会）。"或"今天是周末，我起得很晚，做完作业后哪儿也没去，在家看电视。"或"今天我上了一节体育课，比较快乐。"或"今天我不高兴，作业太多"……诸如此类，几句话就交代了。语言干瘪，描述乏味，这不是生活随笔，简直就是一个最无聊的记事本！面对着这样的作业，我不仅仅是失望，更多的是对自己的怀疑：这是学了六七年语文的中学生写的作文吗？这样的作业还有写的必要吗？我该怎么办呢？

经过深沉的思考，努力的探索，尤其是重新学习了语文课程标准后，我增强了信心，坚定了自己的认识：学生的写作必须从生活开始！因为生活才是写作之源！引导他们去关注生活，去感悟生活，是语文老师的重要责任！当务之急，就是要学生培养一种写作意识，或者说是写作的激情。如何才能让学生有写作的欲望呢？通过不断地深思，我告诉学生，平时要注意多积累素材，有了感悟赶紧写下来，哪怕只有三言两语。

关注社会，观察生活，做生活的有心人，这是写好随笔的重要前提。有的学生抱怨自己的生活是"两点一线""三点一线"，非常单调，非常枯燥，没有写作素材。其实，太阳每天都是新的，世界上没有完全相同的两片树叶。每一天的生活，每一次来校回家途中的风景，每一节课上的每一个人，都不可能是前一天的复制。细心观察生活中极其细微的变化，思索探究变化的原因，就能积累许多有用的素材。例如，你曾经停下脚步抬头看过天上的云吗？你曾经仔细观察过身边同样与你擦肩而过的人吗？关注生活首先应从"小"入手。要想从平凡普通的事件中发现生活真谛，产生与众不同的情感共鸣，就必须时时关注小事。虽然小事细碎，不引人注目，可是在有心人眼里，就会以小见大，别有洞天。花草树木是有情的，天上云霞流动是美丽的，风涛虫鸟的声息是和谐的，大地上的每一株小草和小道上的每一粒石子都是鲜活的。

生活的每一天都会发生许多事，有的大有的小，有的重要有的不重要，甚至有些事看起来很平淡不起眼，如果我们不去用心品味，也许过去了它全然不留一点痕迹，导致写作时提笔便觉无事可写、无话可说。所以，教师要引导学生做一个有心人，用心去感悟生活。凡事都仔细琢磨品味一下，经常与身边的亲人、朋友、教师、同学等进行换位思考。换个角度思考问题、看待事物，往往会有许多意想不到的收获。

这次获奖的学生刘丽娜的作文素材，就源于她回老家的真实感受，国家对农村的扶贫政策让老百姓衣食无忧，乡村振兴让农村的面貌有了改变，在老家的生活里，她把这些变化用文字记录下来，变成了作文的素材。

在作文教学中，应该大力提倡和督导学生不间断地写随笔（或者日记）。进行这种自由的写作，学生会养成一种用文字来表情达意的习惯，并将有利于他们去发现和捕捉生活中遇到的一些可能引起思索或争议的事件。有话可说，就有了写作的冲动。

叶圣陶先生说："写作这件事离不开生活，生活充实到什么程度，才会做成什么文章。"叶圣陶先生还说："生活就如源泉，文章犹如溪水，泉源丰盈而不枯竭，溪水自然活泼地流个不歇。"叶圣陶先生的话形象地说明了生活与作文的关系。我们要抓住作文训练这个"流"，就必须从生活这个"源"中汲取营养和素材。所以，要想学生在作文中写出真情实感，就必须教会学生面向社会、关注生活，要以饱满的热情和自己独特的眼光与视角去观察周围的客观事物，并建立感情，再将这感情融入写作中，写出自己的独特体验，这样写出的文章就不愁没有感情，没有感染力。

## "乡"田沧海

铜仁一中初级中学　王佳乐<br>
指导教师　旷书乔

　　打开车窗，夹杂着田香的微风抚摸着我的衣领，我怀揣着一颗久别重逢的喜悦之心踏上了这片故土。青山依旧青如碧玉，绿水依旧如一条玉带一样穿梭在山涧中，果然，我的故乡山水之秀丽不减当年，但今天再回到故乡时，我却觉得周围有些陌生了，但我又为此而高兴！

　　我享有那无法言说的喜悦，迎那爽人的清风，听那悦耳的鸟鸣，踏那松软的草地，回到了村庄。

　　走进村庄，我被眼前的景象惊得目瞪口呆。只见那一条笔直的大路似利剑一般刺向了远方，刺破了贫穷！刺破了落后！道路两旁，往日那些破旧的小木房竟已换成了三层的小洋楼！一排排的路灯像巨人一样笔直地站立着，守护着每一个黑夜。那一条条清澈的小河上都架起了坚固的石桥，此时我的大脑似被掏空了一般，眼前不断涌现的繁状荣景狠命地撞击着我的大脑，那一瞬间，我心海中的波澜再也平静不下来了。

　　不知怎的，就走到了田间里。两旁的高楼渐渐少了，利剑似的道路也渐渐窄了。只有那越来越多的翠绿映入眼帘，只有那越聚越多的土香扑鼻而来，我正陶醉在其中，却又生出了几丝疑惑：那辛勤的老牛哪去了？那堆成小山的农具又哪去了？正想着，一位面目和蔼的老人拄着拐，慢悠悠地走了过来。我第一眼就认出他是村主任了："想死您了！"他眯缝着眼瞅了许久才认出是我："哟！你怎么回来了？"惊讶过后，我和村主任漫步在那田间小道上，欣赏着眼前的新农具：那铁打的割麦机定能开得更稳更快，那长长的水管定能射出更清甜的地下水……在村主任那道不完的故事中，我才恍然发现，人民的生活好了!

一路上，除了村主任嘘寒问暖外，还有那些可爱的小村民的问候："哥哥城里住得舒服吗？""哥哥，城里的东西好吃吗？"……在众多的问题中，我的目光渐渐移到了这些小村民的眼睛上，在他们那充满渴望的小眼神中，我又恍然发现，这些学生有着对城市生活的向往，有着对美好生活的愿望，这应该就是家乡变化的主要原因吧。

我不忍开口，最后却还是"责怪"起自己那颗关切儿童的心来，问道："主任，弟弟妹妹们的学校翻新的经费足了吗？"村主任的脸顿时就红得像火烧云一样，动作也有些笨拙，低声道："前几年村委会没钱。"又故意放高声音说："今年可不一样啦！"

说着，就带我走向那所曾经破旧不堪的小学。一种无法言说的喜悦涌上我的心头！一眼望去，如今高大的教学楼巍然耸立在我面前，之前那所在小丘上就能尽收眼底的破旧矮小的学校已然成为我的回忆了，那刷了漆的新教学楼在暖阳的照耀下显得格外靓丽。一面五星红旗迎风飘扬，耳边则是那琅琅的读书声。我不禁感叹："是党的政策好，祖国强大了，人民的好日子来了！"

随后，我们又来到了新修建的村委会办公楼。忽然，墙上的那些黑白照片深深地吸引了我。那些照片中，有的是人们在泥泞的土坡路上艰难前行的景象；有的则是人们用那笨重的旧农具开垦荒地的景象。但最令人寒心的还是最后一张照片：几个高矮不一的学生穿着破旧单薄的旧衣裳，捧着那没了封面的破课本，在那千疮百孔的教室中忍受着严寒的侵袭！我再也忍不住了，任那眼角湿润去吧！

明月清风，那点点星光更是烘托出了夜的寂静。此时已是午夜，我始终无眠。我思绪万千：交通可算便利了，洋楼总算盖上了，科技农耕也已实施了，学校终于翻新了，人民的日子定是愈来愈好了，而在这富饶景象的背后，则刻满了岁月的艰辛、人民的辛酸，更有人民群众为生活所打拼的满腔热血！

夜风，柔柔地，抚摸着我的面颊，似乎在给我唠叨乡民们祖祖辈辈在"乡"田上的奋斗史，也似乎在讲述乡民们对美好未来的宏伟规划……

# 回归生活，真情写作
## ——浅谈当下素质教育中的作文教学

铜仁一中初级中学　旷书乔

语文是一门基础学科，我们在教语言文字知识的同时，更要引导学生学会对语言文字知识的运用，其中写作就是运用语言文字知识能力的重要体现。

然而，我们在众多学生的考场作文中很难找到抒发真情实感的佳作，更多的考场作文不是以花草鱼虫编故事，就是精美词汇的连篇累牍。为什么学生们不愿意回归生活，写真事、抒真情呢？

在我们的作文教学过程中，老师都特别注重引导学生以生活为写作内容写真事、抒真情，学生也有丰富多彩的生活，素材也很多、很广，可是越来越多的学生热衷于写历史人物或编神话故事，他们认为这样是创新、是求异，要比写实际生活精彩，而且能换来高分数。这问题的根本到底在哪里？

我觉得学生"我手不能写我心"的问题，主要存在以下三方面的原因。

（一）教师对作文的审美误导

很多语文老师觉得能评古论今或进行故事新编的学生一定读过很多书，有深厚的文化底蕴，带着赞赏的心情读出了文字背后的勤奋，认为这样的学生应该鼓励，该得高分。而从生活中选材的文字，取材范围窄，除了家中的爸爸妈妈，就是学校的同学和老师，不是写送上学和做饭，就是写雨中送伞或者生病去医院，要么就是耐心帮助解题、考试失利来谈心等。随手拈来就像家常便饭一样，让老师的审美细胞失去了胃口。老师的喜好影响了学生的写作方向，他们往往生拉硬拽拼凑人物，榨干自己脑中不多的底蕴，编得兴致盎然，生活素材被遗忘也是理所当然的了。

（二）作文教学中过于强调创新思维

课程改革以来，所谓的"创新能力""素质教育"便成了许多老师作文教学努力的目标，各种创新作文、另类作文也如春花怒放、异彩纷呈，令人眼花缭乱。在"创新"的导航下，打破思维定式、注重求异思维就是一些老师评判作文获得高分的重要标准，而学生也就将故事新编作为自己作文获得高分的便捷途径了。如此过于重视形式的新奇而忽略内容的真实性，就必然会让学生的文字离生活越来越远，学生也将离"写真事、抒真情"越来越远。因而我们老师不能过于强调"创新"，而要正确地引导学生以自己的生活为原材料去创新、求异。

（三）学生对内心真实情感的隐藏

如今，学生的生活是多彩的世界，其视野比我们预想的可能还要广，什么明星、网络、漫画、动画、游戏等，可是他们都不愿将这些写进作文，因为他们觉得这些一定会被老师冠以低俗、庸俗、没水平的帽子，要是写他们平时看电影、玩游戏、朋友聚会等活动又怕被人认为没思想、没意义。另外就是在学生青春期较为神秘的异性话题，就更是他们写作的禁区，不能越雷池半步，稍不注意就会给老师留下一个不健康、不上进的印象。所以，学生就不得不避开这些实实在在、真真切切的生活，借历史人物或花鸟鱼虫编故事，说不定还能获得不错的成绩！可是，学生不写自己的生活，不抒自己内心的情感，长此以往，将会是什么结果？故弄玄虚、矫揉造作的文风在潜滋暗长了，说两面话、做两面人的不良习惯就慢慢养成了，如此一来就不仅是语文教学的悲哀，更是我们整个教育的悲哀啊！

"文章合为时而著，歌诗合为事而作。"这是唐代新乐府运动倡导者白居易对文学的理解；"写作素材的来源普遍于整个生活里。"这是叶圣陶先生悟的道理；"写作要感情真挚，力求表达自己对社会、人生的独特感受和真切体验。"这是《语文课程标准》中白纸黑字的表述。因此可见，对于用文字书写生活，抒发情感，无论是文学家还是语文教育家都是有共识的，那就是必须"写真事、抒真情"。

那么，在作文教学中，我们应该怎样去正确引导学生敞开心扉写真事、抒真情呢？我认为要做到以下两点。

(一) 不做生活的漠视者

生活丰富多彩，处处有故事，只要学生多留心观察身边的人、事、物，用心去体会、感悟，作文的好素材便如泉涌般取之不尽、用之不竭。如果对自己的生活都不感兴趣，都没有一点思考，只活在别人的故事里，为别人的故事留下自己的眼泪，或者成天借花草树木编故事，那么，我们的生活还有什么趣味可谈，我们的人生还有何意义？每一天的饮食起居、学习生活、酸甜苦辣、困惑与思考……都是我们的作文素材，生活本就是一本需要解读的书，为什么非得要舍本求末呢？为什么不真切地活在自己的人生里呢？

父母亲朋的交往、劳动者的辛劳、打工者的艰难、人与人之间的互助与和谐、环境的保护……这一切都是上好的写作素材，只怨我们总是熟视无睹罢了。时代的发展、公众关心的事件、国际局势、媒体热点等无论作为叙事的材料还是背景，抑或是议论的对象都是极有价值的，完全可以成为学生笔下生花的沃土。

初一学生王佳乐所写的《"乡"田沧海》一文，便可见小作者没有做生活的漠视者，而是在用心感悟生活、思考当下。他回到乡下老家，通过与村主任的一路欣赏，一路畅谈，一路回忆，一路感慨，将家乡变化的巨大凸显了出来，将人民生活的富足表现了出来，将祖国日益的强大展现了出来。这样的文章，便是"写真事、抒真情"。

(二) 不做情感的冷漠者

现在的不少学生对自己的学习、生活状况不满意，对父母的关爱不理解，对社会的变化、国家的强大更是漠不关心。这样的学生就是情感的冷漠者，因为没有用情去感受身边的人和事，对自己的生活都没有一点情感，没有一点感动，那么在写作时，他们怎么可能会从丰富多彩的生活中筛选素材，没有生活素材也就只能胡编乱造了，瞎编的那些假、大、空的东西怎么会感动人呢?

　　黄本荣老师曾说过:"生活是写的源泉。今天的学生不是没有生活,而是没有在看似普通的生活中发掘出他们的情趣和意义;不是生活不够丰富,而是不会在看似平淡的生活中去感悟体验他们的动人之美;也不是生活太单调,而是我们做老师的没有手把手地教会他们采撷生活浪花的本领。"每个人的生活都是多彩的,也是有情有味的,只是不少学生不懂得去思考和感悟。而我们老师就要担起这个使命,教学生怎样去发掘生活的情趣和意义,怎样去体悟生活之美。其实,我们课本上的那些文章,就是很好的例子。《散步》就是以生活中最为普通的人,最为平常的小事,采用以小见大的写作手法,通过一家三代散步这件温馨和谐的平常事,颂扬了我们中华民族几千年来尊老爱幼的传统美德,表明了中青年人对家庭和社会有着承前启后的责任和担当。因而,我们要引导学生走进生活,通过多种形式让学生主动去体察生活,寻觅写作源泉。

　　在王佳乐《"乡"田沧海》一文中,小作者没有写什么惊天动地的大事,而是写他自己生活圈子里的所见所闻,然而,因为有了他留心观察,用情关注,才有了如此真切的体悟。这不是集中体现了小作者走进生活、体察生活、感悟生活的能力以及寻觅写作源泉的能力吗?

　　无论如何创新,如何求异,我们的作文都必须回归生活。生活是写作的基础,真情是写作的灵魂,此乃当下素质教育中作文教学的真正而正确的出路。

## 玉月与乡貌

贵州省松桃民族寄宿制中学　龙依瑞
指导教师　黄　焕

铜仁以北的小村里，住着我的哥哥姐姐。

我原是住在小平村里的。某天赶集，母亲给我买了只气球。我喜欢得不得了。虽多次被叮嘱不要解开线，但那气球自个儿就悠悠扬扬地冲天了。我也像那气球一样，一下就被带到县里读书了。

过了不久，小平村的哥哥也搬来我家住。他常哭闹着要回家去，为此伯伯常从乡里跑到县上来，安慰他在县里要好好学习，到中秋节就让他回去。

于是哥哥总说："月亮怎么还没圆啊？"

又过了好些日子，中秋节到了，哥哥欢天喜地回家了，也带上了我。

哥哥家离我乡下的家很远。我只记着要沿着稻田走很长很长的泥巴路。路上经过一些人家，总有人向我们打招呼，"你是某某家娃吧，都长这么大了！——啊，这是依瑞吧！回来过中秋了？在县里过得好吗？"我只低着头，不敢说话。

别过他们，又走了许久，终于见了一片茂密的竹林。哥哥停下步，说道："那就是我家。""哪儿？"我连忙跟上去，见伯伯、伯妈还有姐姐们都围着火坑。那红彤彤的火焰，那肆意飞舞的火焰，那撒着热光的火焰，把他们的脸都照得通红。"我回来了！"哥哥大声说。随即，灼热的目光便聚集在我身上。我的脸便也通红起来。

我发现哥哥家并不富裕。一方小小的空地，挤满了两张床、半张沙发、一台电视机。穿过堂屋，还有一间较大的屋子，放着两张床，是四位姐姐的。我不由得纳闷起来，这样小的房子怎么能装得下这一大家子人？

"沙沙沙……沙沙沙……"夜色悄然而至，山间的微风撩起门前竹林里的一片片竹叶。"阿瑞，快看，月亮出来了！好圆啊！"

我闻声赶去。彼处又响起另一声，"阿瑞，我们去偷瓜吧。"于是，哥哥随一群好友便消失在夜里。我追出去，夜色如墨，伸手不见五指，又退回来，此时四下寂静，唯有那一轮玉月影在竹梢。"阿瑞，你先看一会儿电视，一会儿就有瓜吃啦。"我疑心道："买瓜了？"

后来我算是明白了，是"偷瓜"。在这里的中秋节，"偷瓜"只是一种活动，不算偷的。

过了一会儿，姐姐拉我去菜地。菜地里人人都张罗着：拾柴、点火、架锅、煮瓜。"谁家有糖？南瓜没味道。"一行人齐齐向那发声的高个看去。他们面面相觑，似乎都在说："我家没有！"那高个停下手中的动作，问："来来来！谁身上有钱，我买糖去。"一行人连忙翻衣袋。好容易凑齐了，叫一跑得快的去买糖了。

"沙沙沙……"不一会儿，那人便乘着风、踏着月回来了。一群小孩，皎月下，菜地上，畅聊着天南海北。待人初静时，才见着玉月真貌——墨黑的天空中挂着一轮圆月，月上点点斑影似嫦娥在摆弄衣裙。真的，纵使凡俗如我，这景我忘不了，这情我忘不了。

后来在县里我就再也见不着这么美的月了。

玉月啊，你因情而美，因乡而深刻，是承载着我整个故乡的面貌啊！

小平村里，现住着我的哥哥姐姐们！

# 少教多学分段进阶作文教学在农村初中的实践探索

松桃民族寄宿制中学　黄　焕

"少教多学"教学思想或教学策略,现在被一些人解释为:"少教"就是教师在教学时间、内容上要少,"多学"就是放手让学生自学。我粗鄙地认为,这种解释过于极端。

谚语有云:"巧妇难为无米之炊。"初中是储备知识的阶段,是人发展的基础教育阶段。初中生知识储备尚不丰厚,在这个阶段内所接受的一般是通识教育。从这个角度出发,我们姑且把我们的教育对象——初中生,不恰当地比喻为"拙妇"。既然巧妇尚且难为无米之炊,那么,又何必非得要知识储备尚不丰厚的"拙妇"自学获得甚至突破通用性知识呢?我们很难设想,自学理解"窈窕淑女,君子好逑"为"淑女和君子打了一场好球"的学生,继续自学《诗经·关雎》会是什么样的情景。

全国教学名师代泽斌老师常教导我们,要"少教多学,薄积厚发"。他指出,"薄积"就是注重课堂的有效性,落实"一课一得",才能为学生"厚发",奠定坚实的基础。因此,我认为"少教多学"的含义有两层:一是教师在教学行为中选择最有教学价值的教学内容进行教学,二是充分激发学生的学习主动性在任务驱动下开展学习。

当前农村的大部分初中生不会写作文,作文水平也不高。作文空白,抄袭阅读材料,不知所云……看到这些现象,作为语文教师,我内心真的是五味杂陈。在这里我们不去探讨其原因,只就我近几年在"少教多学"教学思想指导下探索的分段进阶作文教学做一点粗浅的梳理。

第一阶段(初一年级),规范写作框架。我们以余映潮老师的作文"五笔"技法来规范学生作文的表达形式。余老师从莫怀戚的《散步》，朱自清的《背影》，杨绛的《老王》等名家名篇中提炼出"五笔"写作思维规律：第一笔，轻点一笔，其作用是用极简洁的语言写出事物的一种结果，或者显现一个生活的画面（概说事件）；第二笔，交代一笔，是回过头来对文章第一段所叙写的事件进行一下补说、解释（解释原委）；第三笔，简叙一笔，出现"镜头"，略写事件；第四笔，详写一笔，突出"故事味"（写出波澜）；第五笔，深化一笔，画龙点睛，深化主题（抒情议论）。"五笔"技法的魅力，最通俗的解释就是，它往往并不是"五段"。正是因为它往往不是"五段"，所以运用"五笔"思维的文章，其外在的形态可以千姿百态，而内在的骨架却是大体相近，表现出人们在写作中的共同思维规律，因此行文自然流畅、详略有致、结构完美。在实践的过程中，部分学生很快就能掌握这种规律，并自觉地运用到写作中。如小作者龙依瑞的作品《玉月与乡貌》第一段，轻点一笔；后续四段，解说回乡的原因；接着，略写回乡途中的经历和对哥哥家的印象；然后，详写"偷瓜"、买糖；最后，抒发对故乡的深情。

　　第二阶段（初二年级），训练写作微点。写作就像是建房子。"五笔"技法建起了这幢房子的框架。接下来，就要训练写作微点，来"装修"这幢房子。比如，采用富含哲理的句子，来引起读者情感上的共鸣。原遵义市委书记龙长春在告别遵义的离职演讲中说"情深他乡即故乡"，用这句话总结自己在遵义学习和工作的感受，与会者情感上产生了共鸣，取到了良好的演讲效果。又比如，采用摇曳多姿的结尾，来扩大文章的格局。刘成章《安塞腰鼓》的结尾："当它戛然而止的时候，世界出奇的寂静，以至使人感到对她十分陌生了。简直像来到另一个星球。耳畔是一声渺远的鸡啼。"以记叙描写的戛然而止式结尾，给读者提供了极大的想象空间，言有尽而意无穷。鲁迅《故乡》的结尾："我想：希望是本无所谓有，无所谓无的。这正如地上的路；其实地上本没有路，走的人多了，也便成了路。"以议论抒情的卒章显志式结尾，引起读者深度思考，起到了突出主旨的作用。小作者龙依瑞作品《玉月与乡貌》中"那红彤彤的火焰，那肆意飞舞的火焰，那撒着热光的火焰""一方小小的空地，挤满了两张床、半张沙发、一台电视机"巧用修辞、量词都是小作者曾经训练过的微点。这些微点其实都是亮点。当这些亮点散落文章各处的时候,就如同燎原之星星火。值得训练的微点当然不止以上这些,它是基于全文写作而设置的练习点,遵循由易到难的规律,需要我们根据学生的实际去发现,去设置训练微点。

第三阶段(初三年级),优化作文结构。前两个阶段是真正培养学生写作能力的阶段,是纵式结构作文的训练。但是在考场作文里,纵式结构作文往往并不讨喜,因为它需要阅卷人仔细品读。那么,考场作文怎样才能快速获得阅卷人的青睐呢?答案是横式结构作文。文章由多个角度、多件事或多个人物组成,用来表达同一主题。文章中的每一个角度、每一件事或每一个人物由片段构成块状结构中的每一个板块,自然形成清晰的层次,让读者一目了然。

教无定法,作文教学更不例外。少教多学分段进阶作文教学只是我在初中阶段的一种实践探索,有很多地方还需要不断改进与完善。

**参考文献**

[1] 余映潮. 我的作文"五笔"技法 [J]. 语文教学与研究, 2016(10): 55-58.

# 我的家乡
## ——思南

思南第三中学　张安琪<br>指导教师　刘明进

"我的家乡呃，在美丽的乌江边上。那里住着我摆渡的爹娘，还有伴我长大的温暖火塘。世世代代遥望大山，祖祖辈辈守着乌江，数数天上的星星挂在那山岗上。我的家乡呃，一个名叫思南的地方……"每当听到野马的这首《花灯姑娘》，我的思绪便会飞回我的家乡——思南。

悠悠思南，浩浩乌江，水通巴蜀，地望潇湘。思南位于铜仁市西部，地处武陵山腹地、乌江流域中心地带，东邻国家级自然保护区梵净山，西倚历史文化名城遵义，是一个山川秀丽、风光旖旎的小城。城在山中青山绿，江穿城中二分洲，乌江穿过，城分为二，一半是河东，一半是河西，又有点像牛郎织女的银河，让两岸人民隔河相望。小城依山傍水，错落有致，享有"小重庆"之称。

古人说："黔中各郡邑，独美于思南。"思南之美在很大程度上得益于乌江。碧绿晶莹的乌江，由上游向下游横贯全境，如一条玉带缠绕着思南城，形成了神奇瑰丽的乌江山峡，千姿百态的天然溶洞，巧夺天工的石林景观，令人目不暇接。有诗赞曰："山外青山楼外楼，梳妆巧扮数风流。多情应是乌江水，驾舟畅游白鹭洲。"大江与小江交汇的乌江中，有一堆沙石突兀江心，名曰"沙洲"。突闻白鹭齐飞，沙洲而过，又有人名曰"白鹭洲"。

清晨，一层层薄雾从江中升起。那若隐若现的山城，犹如神仙居住的地方。宁静的老街，诉说着千年的历史。窗外，一栋栋拔地而起的高楼，这座古老的山城如今也很现代。站在江边远眺,天是那么的蓝,山是那么的绿,水是那么的清……

黄昏,渔夫驾着小舟到江中撒网,金色的阳光,山城与乌江水天一色。闪烁的霓虹灯送走了最后的余晖,万家灯火倒映在江中,宛如另一条银河,痴情的织女常常到此找寻她心爱的牛郎,仿佛置身于海市蜃楼,流连忘返。

思南,诗意山水,活力山城,这里的白天,恬静安适,缓慢的生活节奏给这个城市赋予了诗情画意的韵味,不聒噪放纵,不声色犬马,一片祥和安逸的情调,愈发地突显城市夜晚的活泼、热情和开放!夜幕降临,乌江三桥,在灯火的映衬下,深深融入这座城市。乌江江面上迷人的水上风光让人心生涟漪。人气最旺的江岸名都高楼林立,灯火辉煌,仿佛天上街市一般。每当从江岸名都经过,总想来一碗孟婆汤,一钵砂锅粉,一串烤羊肉等大饱口福。

这就是乌江明珠,我魂牵梦萦的家乡——思南。

# 巧用歌词扮靓作文

思南第三中学 刘明进

好的歌曲旋律优美，撩拨人心。好的歌词语言精练，字字珠玑，生活味很浓。如果能巧妙地运用歌词来扮靓作文，就会增添文采，引起读者的共鸣，成为文章的一大亮点。近年来，我尝试着将歌词引入作文教学，引导学生学习用歌词扮靓作文，收到了意想不到的效果。那么，具体怎么巧用歌词扮靓作文呢？

## 一、标题巧用歌词，新颖悦目

标题是文章的眼睛。如果作文拥有一双迷人的眼睛，便会让读者一见钟情，对文本产生浓厚的兴趣。与作文的题目相似，每首歌曲的名称也都或多或少地概括了整首歌的主题，阐释了某种人生情绪或感悟。如果将一些经典歌曲的歌词或标题恰当地引用在写作当中，往往能够起到化腐朽为神奇的功效。比如，作文以"朋友"为话题，可以拟《同桌的你》《睡在我上铺的兄弟》；以"亲情"为话题，可以拟《有多少爱可以重来》《特别的爱给特别的你》；谈"挫折"，可以拟《一笑而过》《阳光总在风雨后》；谈"幸福"，可以拟《幸福归来》《打开幸福之门》等标题。这类标题，或充满了人生哲理和乐观向上的精神，或含蓄委婉地表达了生命的意义，极富有时代气息和感染力，能够引起读者无穷的联想和强烈的情感共鸣。

## 二、题记巧用歌词，揭示主旨

题记简洁地暗示了作者的情感或流露了作者的写作意图，也能直接抓住读者的心,激发阅读兴趣。将歌词用作题记,借助读者对歌词的熟知和喜爱,从而拉近读者与作者之间的距离,平添一份亲切感、亲和力,实现一开始就让读者和作者的情感同频共振。如写《我心中的英雄》,小作者用《三国演义》中荡气回肠的片头曲"滚滚长江东逝水,浪花淘尽英雄,是非成败转头空,青山依旧在,几度夕阳红……"作为题记。这样,一下子就把读者的思绪带回金戈铁马的古战场,去翻阅那尘封的历史画卷,领略英雄的悲壮,仿佛经受一番刀光剑影的洗礼,对英雄人物的无限敬仰之情油然而生。

### 三、开头巧用歌词,先声夺人

"良好的开端等于成功的一半",作文也是这样。但是,学生在写作文时有时会为开头所困,总觉得无从下笔,感觉自己就像鱼缸里的鱼——想说的很多,一开口却变成了一串省略号。此时,我的做法是引导学生搜索一些平时积累的歌词,把那些记忆深刻、富有浓郁诗情的歌词引作开头,这样往往会收到出奇的效果,使文章颇具吸引力。比如,写"友情"可以用臧天朔的《朋友》开头:"朋友啊朋友,你可曾想起了我?"以这句歌词开头,亲切自然,情感真挚,读者记忆中臧天朔那深沉的歌声仿佛也在耳边响起,思念之情溢于言表,先声夺人。

再比如,我指导的作文《我的家乡——思南》,在铜仁一中第四届"薰风杯"作文比赛中荣获一等奖。小作者在开头是这样写的:"'我的家乡呃,在美丽的乌江边上。那里住着我摆渡的爹娘,还有伴我长大的温暖火塘。世世代代遥望大山,祖祖辈辈守着乌江,数数天上的星星挂在那山岗上。我的家乡呃,一个名叫思南的地方……'每当听到野马的这首《花灯姑娘》,我的思绪便会飞回我的家乡——思南。"小作者紧扣征文主题——"乡貌",开头引用歌词,开门见山,点明写作对象,总写家乡美貌,给文章奠定了热爱和歌颂家乡的感情基调。

### 四、构思巧用歌词,串联材料

歌词还可以用于整篇文章的构思上,并且成为串联作文材料的线索,使文章的情节在歌声的伴奏下展开。比如，写《母亲》，有位小作者是这样写的——

开头：《世上只有妈妈好》那首歌又在耳边回荡，泪水也已溢出眼眶……

中间：小作者写有妈妈时的幸福："世上只有妈妈好，有妈的孩子像块宝。"小时候……

紧接着，作者写没有妈妈后的凄苦："世上只有妈妈好，没妈的孩子像根草。"病魔残酷地改变了现实，从此后……

结尾："世上只有妈妈好……"我反复地吟唱啊，在泪光中又看见了母亲亲切的笑脸。

《世上只有妈妈好》这是一首大家从小唱到大的歌曲，小作者由歌词引发联想，把材料用歌词串联起来，使文章条理清晰。歌词中的对比内容，也使"母爱"的主题更加突出。

### 五、结尾巧用歌词，画龙点睛

结尾是点睛之处，好的结尾会使读者回味无穷。我们可以引用精彩纷呈、充满深情的歌词结尾，紧扣读者的心弦，收到余音绕梁的效果。例如，写关于"失败、挫折"话题的作文，可以用这句歌词来结尾："让我们战胜自己，坚持到最后决不放弃，让我们拼搏到底，用坚强赢得胜利，让我们战胜自己，用执着创作奇迹，让我们拼搏到底，让我们心在一起。"这是零点乐队《战胜自己》的歌词，层层递进而又积极乐观。

写关于"失败、挫折"话题的作文，还可以用这句歌词来结尾："每一次都在徘徊孤单中坚强，每一次就算很受伤也不闪泪光，我知道，我一直有双隐形的翅膀，带我飞，飞过绝望。"这是张韶涵《隐形的翅膀》的歌词，用这句歌词结尾，可以深化主题，加强感染力。

### 六、首尾都用歌词，遥相呼应

每一篇优秀的文章都需要前后呼应，首尾圆合。如何运用歌词收到这样的效果呢？我曾经引导学生用同一首歌词。最典型的例子要数九年级下册的一篇课文《枣儿》，开头和结尾都引用了同一首富有民间特色的童谣歌词："枣儿甜，枣儿香，要吃枣儿喊爹娘；爹娘给个竹竿竿，打下枣儿一片片；爹不吃，娘不吃，留给娃娃过年吃。"这样，首尾呼应，充满乡土气息，既强化了文中的情境和内容，又深化了文章的思想内涵。又如学生在《分别的那一天》的文章中，这样开头："怎能忘记旧日朋友，心中能不欢笑，旧日朋友岂能相忘，友谊地久天长。友谊万岁，朋友，友谊万岁。"通过谈学习奋斗及几年同窗建立的真挚友情，最后又写道："我们情意相投，让我们紧握手，让我们来举杯畅饮友谊地久天长。"首尾用同一首《友谊地久天长》的歌词，使整篇文章成为一个紧凑、缜密的整体，感情真挚缠绵。

  有时根据文章内容的深入、变化、铺垫等方面，还可以使用两首或更多首歌的歌词。如在以"献给老师的歌"为话题的文章中，有学生这样开头："每当我走过老师的窗前，静静的深夜群星在闪耀，老师的房间彻夜明亮，每当我轻轻走过您窗前，明亮的灯火照耀我心房，啊……每当想起您，敬爱的好老师，一阵阵暖流心中激荡。"引用《每当我走过老师窗前》的歌词，开门见山，紧扣主题。结尾引用《长大后我就成了你》的歌词："长大后我就成了你，才知道那支粉笔，画出的是彩虹，落下的是泪滴；长大后我就成了你，才知道那个讲台，举起的是别人，奉献的是自己，长大后我就成了你，我就成了你……"从小作者引用的歌词可以看出，以"歌颂老师"开始，以"心怀梦想"结束，表达了自己美好的愿望，不仅符合逻辑，而且使文章浑然一体。

  当然，歌词虽能扮靓作文，但也不可滥用。在引用歌词作文时要注意：一忌多而杂乱，一篇文章处处引用，就有堆砌之嫌；二忌华而不实，一味追求语言的华丽，企图以花哨的歌词取代自己的观点和真情实感，表面洋洋洒洒，其实空洞无物；三忌牵强附会，节外生枝，无病呻吟。

  总之，恰到好处地引用歌词，让歌词扮靓作文，让作文发出"歌声"，犹如给文章锦上添花，会给读者以赏心悦目之感，带给人无限的美的享受。

薰风集 >>>

# 漫步于家乡的土地上

思南第三中学　邓云月<br>指导教师　张晓艳

那坐落于南方的"蚂蚁"小镇——孙家坝,是我美好的家乡,是我心中的白月光!

——题记

每当有人问起我的家乡,我都会滔滔不绝地赞上半天,尽管它与偌大的世界相比渺小得似一只蝼蚁,但她是我心中的白月光。家乡是最美好的地方,我常满心欢喜地漫步在家乡的土地上……

## 热闹的清晨

"卖菜喽!卖菜喽!"每日清晨,还未别离美梦,便被这声声高昂有力的吆喝声吸引去了,而这热情来源于镇上街道两旁卖菜的老农。漫步于熙来攘往的街道上,人与人之间摩肩接踵;绚烂的阳光普洒在新鲜的农家自产蔬菜上,显得格外引人注目;人们那一张张恬淡惬意的笑脸,无一不反衬出对这热闹景象的自得其乐……

清晨,在别地,是宁静的;而在我的家乡,是热闹万分的!

## 飘香的午后

吃饱喝足后的午后，本是安静地打会儿盹儿的最好时光，但突然而至的糯米香，让我的内心似波涛汹涌，无法平静———一定是有人开始打花甜粑了！我闻香而至，只见两个壮年撸起袖子，额头上的汗水如豆珠般接连落下，他们脚下的一片湿地与头顶的艳阳天形成鲜明对比。那两人正一左一右，站在坐台旁，手中紧握着打花甜粑的木棒，相互配合着，朝那还未成型的花甜粑打去。即使双手青筋暴起，他们脸上也依然笑得那样灿烂，越打越用力，糯米香也越来越浓郁，我耐不住诱惑拿了一块……漫步于飘满糯米香的小巷子里，吃着甜甜糯糯的花甜粑，幸福感似乎要冲破云霄了……

午后，在别地，是乏味的；而在我的家乡，是四处飘香的！

## 如画的黄昏

虽同处一片苍穹之下，但乡村的天空总是比城市的更加明净。生在小镇，长在小镇的我喜爱漫步于黄昏，抬头仰望家乡那橙黄的天空，是被大自然这位多情的画家用心染画的。飞过雁鸟的身影，一望无际的小道，共同漫步的一家老小，共筑了一幅如画的景象。我愿将这份美好的景致深藏于心，因为这是生我养我的地方啊！

黄昏，在别地，是萧索的；而在我的家乡，是祥和如画的！

家乡是最美好的地方，家乡特有的景貌，是我心中的白月光！漫步于家乡的土地上，赏美好景致、观人情世故是我心底最深的欢喜！

# 巧用题记，靓丽夺目
## ——浅谈题记的写作技巧

思南第三中学　张晓艳

所谓题记，就是指写在文章题目下面的用于开启下文、浓缩主旨或者奠定感情基调的文字。好的题记能一下子抓住阅读者的心，给人留下深刻的印象。对题记的要求较为简单：短短的语句，美美的语言，淡淡的情感，浅浅的哲理。那么，什么样的题记才能令人过目不忘，成为文章的点睛之笔呢？我认为以下六种形式值得大家借鉴。

### 一、引用式

引用名人名言、谚语、诗句或歌词作为题记，不仅使文章立意深远，还能让读者从中感受到作者丰厚的文化底蕴。如学生作文《最爱那湛蓝色》中引用冰心的小诗作为题记："大海啊！哪一颗星没有光？哪一朵花没有香？哪一次我的思潮里，没有你波涛的清响？"以此作题记，让读者在未阅读正文之前，就感受到了小作者对大海、对蓝色的热爱。

### 二、悬念式

悬念引人入读，题记以悬念的形式出现，能立刻吊起人们阅读的胃口。如果将悬念再设置得"精彩"一些，那就犹如一颗石子投向平静的水面，激起人们的阅读欲望，引发想象的美妙意境。

2001年，一位江苏考生写的《一生的思索》，其题记是："可笑的我啊，竟要用一生来思索这样一个问题。"此考生在题记中故意设置悬念："我"

之"可笑"在何处?"一个问题"是什么样的问题?为什么要用"一生"来思索?这样,读者便有迫切阅读的欲望。2002年一位考生写的《那山,那月,那人》,有这样的题记:一面是贫困愚昧的小山村,一面是繁华与现代的城市,这位刚毕业的师专学生将做出什么样的选择呢?同年,一位江苏考生在作文《渴望生病的女孩》中拟写的题记是:"如果我告诉你有人是那么渴望生病,而且是轰轰烈烈地生一场大病,你是否会相信呢?"这样的题记,将悬念推到读者眼前,刺激了读者的阅读情绪,激起了读者的阅读兴趣。

### 三、交代式

以题记的形式,对故事背景或写作缘由做一个交代。

如2004年一位山东考生的作文《老槐树下》题记:"每到盛夏,炙热的太阳烘烤着油油的绿叶,蝉在绿叶丛里不停地嚎叫。"作文中的故事就发生在老槐树下,显然这个题记是交代故事背景的。2004年一位重庆考生的作文《独上高楼》题记是:"昨夜西风凋碧树,独上高楼,望尽天涯路。"开篇引宋代词人晏殊的《蝶恋花》中的名句作为题记,暗示了文章的背景,显得别开生面。有学生写的《撕开历史的伤口》,其题记是:"听唐家璇外长的一席话,我若有所思,义愤填膺,挑灯疾书,以释胸怀,得此文。"以此作为题记,将写作缘由做了交代,让人知其写作的缘起,令人未见其文而先感受其强烈的爱国热情。

### 四、注释式

借用题记,对题目内涵做一具体的解释。如学生在作文《这就是幸福》中拟写的题记为:"幸福有时就在一瞬间,有时给人一种快乐,是一种默契后的愉悦。"这一题记就阐释了"幸福"的含义,让读者对题目内涵有更为清晰、准确的把握。2000年一位陕西考生写的《五彩的幸福》,其题记为:"生活如花,姹紫嫣红;生活如歌,美妙动听;生活如酒,芳香清醇;生活如诗,意境深远;生活如梦,绚丽多姿。"此题记,诠释出幸福的多彩性。

### 五、"反调"式

常言道:"水无常态,文无定式。"如今呼唤创新精神、激励张扬个性日益成为作文的主旋律。真正意义上的创新是指善于从不同角度、不同视角、不同层面去思考同一问题,从而获得不同的感受和体验,丰富作文的内涵并写出独到之新意。当然,题记中的"反调"的要求也是个性与规范的有机统一。

如以"_____的我"为题作文的题记:"我愿做只井底之蛙,那儿清凉又舒畅,那儿隐蔽又安全。来,来,来,请跟我来,跳到井底远离人类。""井底之蛙"这个成语比喻人目光短浅。而小作者却写跳到井底远离人类,蕴含深意。又如,以"自然"为话题作文,题记:"嘿嘿!'两面三刀'有什么不好,我就是个地地道道的'两面派'。"这一题记反弹琵琶,令人耳目一新。

### 六、中心式

用题记来揭示文章的主旨,让读者对文章蕴含的情感和思想有明确的体味。如学生在作文《愿与你风雨同行》中的题记为:"在一声声的蝉鸣中,不知是怎样的开始,一起走过了漫天飞雪的冬日,时序轮回,时光匆匆,我们风雨同行。"这一题记流露出小作者与朋友风雨与共的深厚感情,揭示了文章的主题。又如学生在做《抹去心中的界限》中的题记为:"表面的界限,能用手抹去;心中的界限,只能用心去抹平。"这一题记直接揭示了文章的主旨。

当然,题记的形式多种多样,远不止这些,同时,这些形式并不是孤立的,可以综合运用。但不管采用何种形式,目的都是突出中心,提升品位,让人耳目一新,读有所获的。因而我们在构思题记时,一定要根据文章表达的需要,要有深刻的思想、广博的知识,让你的作文靓丽夺目,光彩照人。

# 餐桌前，话家乡

思南县第三中学　张红艳
指导教师　兰丹丹

今天，太奶奶九十大寿，我们踏上了回老家的征程。久居城市，每一个细胞都泛着虚噪的声音，一回到充满泥土清香的老家，感觉全身都被唤醒了，舒展开来。

村口的石板桥，小道上的鹅卵石，每一粒都在我脚下酥酥地伸开了懒腰，回想这儿不知投下过多少嬉戏的石子。门口的太奶奶唤了我一声乳名，让我倍感亲切、暖意融融。我应声跑过去，边和她说话边推开吱呀的清漆木门，最熟悉的身影——奶奶正在忙着做饭。随后，一家人也手忙脚乱地帮忙干起活来。一缕炊烟就袅袅地升向了空中，在远处化作丝丝雾气。

不一会儿，一家人欢聚一堂，饭桌上充满了欢声笑语……

太奶奶说："一转眼，我就九十岁了，时间过得真快啊！还记得那时吃大锅饭的集体活动时，生产队的队长一大早就在村里头敲打着铁锅，叫喊着人们起来干活，村里头的人便扛着锄头站队集合，点人数，排着整齐的队伍，唱着歌颂毛主席的歌曲浩浩荡荡地走向田地。"

奶奶也说道："妈，不是您觉得时间过得快，我也觉得呢，仿佛一转眼就到现在了，还记得小时候一家人住着破烂不堪的茅草屋和破旧的瓦房，屋顶上的瓦片东一片，西一片，有的好，有的坏。一到下雨天，房子里到处都是雨滴。"

爸爸接着说道："是啊，那时条件艰苦，我们上的学校都是土木建造的，时间久了，风一吹就坏了，一到下雨天，就得用个盆子接住房顶上漏下来的雨。还有一到冬天,寒冷的风吹到屋子里,使人感到寒风凛冽刺骨。"

大哥哥感慨道:"虽然以前的条件艰苦,但是回想那时的童年,却是充满无穷的乐趣:和那些不知疲倦的小伙伴儿们,在门口的古槐下听过多少故事,在田间的黄土窝里打过多少滚儿,在村头的小河里戏过多少水,又在村落的街街巷巷里捉过多少迷藏,在邻居家里蹭过多少饭食。"

我听到这儿,忍不住发出羡慕的一声:"哇!你的童年真好玩!"

二姐笑着说:"呵呵,我觉得我更喜欢现在。昔日的泥泞道路变成了宽阔的水泥路,破旧的房屋变成了一栋栋高楼,学校的环境改善了,教学设备更先进了,网上购物越来越便捷,外卖直接送到家门口。城市灯火璀璨,车水马龙,好不热闹!"

小姨顺着接道:"现在人们思想观念也发生着变化,过去一家有七八个孩子,而且重男轻女的思想严重。现在每家只要一两个孩子,注重对子女素质的培养。随着国家医疗制度的改革,新型农村合作医疗制度不断完善,人们没有后顾之忧,不再害怕得病了。"

……

餐桌前的这一席话家乡,展示了一方习俗一方情,故乡正在发生悄然无息的变化,而这个变化,是中国梦的不断圆铸。展望未来,我们坚信,祖国的明天会更好,我们的生活会越来越富足!我一定要珍惜时间,努力学习,为祖国的建设贡献自己的力量。

# 作文的导航仪
## ——拟提纲

思南县第三中学 兰丹丹

现在的语文教学不仅要抓好阅读教学，同时也要抓写作教学。作文作为语文卷面中占分比最大的一个板块，不仅是应试教育的"敲门砖"，也是素质教育基本素养和能力培养的"试金石"，其意义举足轻重。可是，作文对于学生来说难写；对于老师来说难教难改。为此，师生们通过阅读大量的写作策略，不断地总结写作方法，我在平时的写作教学中已经或多或少地掌握了一些方法技巧，下面我就来谈谈自己的一些写作教学技巧。

每一位语文老师都知道，一篇作文由四个基本的板块（标题、开头、内容、结尾）组成，而且在作文中每个部分的占分比是凤头、猪肚、豹尾。这样的基本模式我们都耳熟能详，那如何美化，如何突出亮点，如何能吸引读者的阅读兴趣呢？

一篇好作文，肯定要有一个精美、清晰的结构，而为了使结构精巧和优化，拟写提纲就变得尤为重要了。因此，在我看来，提笔拟写提纲是很重要的，它就是整篇文章的"导航仪"。它可以根据体裁的不同要求，采取恰当的方式，还可以确定文章的结构，安排内容上的详略和过渡，使文章段与段之间蕴含逻辑规律。这是学生自己动笔的初步构思，从文章的标题和内容的选择都是自己的拣练，体现的正是"以学生为主体""少教多学"的教学理念，老师只是起到一个引导的作用。

我在指导学生写这篇《餐桌前，话家乡》作文时，先让学生拟写了一份提纲，最初的提纲就是三段式的，主体内容写家乡的以前和现在的变化，作为参赛作文，内容过于俗套，立意不新颖。于是，我就提示学生：这个变化的过程能不能是慢慢地变化的呢？可不可以通过几代人的语言来叙述这个变化呢？学生马上就意会了，很快就修改好了提纲。随后，着眼于整篇文章在结构上没有出彩的地方，我让学生在语句上下点功夫，使语言尽力展现出家乡的宁静和柔美。起初的语言很生硬，我明白可能是学生对于农村的印象比较模糊，感受不太强烈。我就让学生在网上找了一些意境唯美的农村视频和风景图片看，通过多次的观看，学生又有了新的灵感，使得文章的语言有了新的变化。

文学作品来源于生活又高于生活，是生活的结晶。当学生对于一些陌生的文题，不会写而无法下手时，老师首先是要加强与学生的交流与沟通，给他们在思想、内容上指路，激发学生对写作的兴趣，培养学生写作的激情，使学生消除畏难情绪。

在平时的作文课上，我会要求学生先拟好提纲，通过先粗化再细化的方式，逐步充实文本。最初的写作训练，我会先让他们看几个提纲的示例，再展示一个题目，师生共同完成提纲，然后再另外出题让他们仿写。当学生找不到素材时，让他们回家通过翻阅其他书籍、上网查找资料等方式，把提纲写好后，师生共同讨论后定稿，在下一节作文课上按照提纲，完成一篇作文的写作。

语文是一门积累的课程，唯有让他们自己动手去搜集才会有更深刻的感悟。常见的名句积累，对于自觉的同学会完成得较好，而对于部分自觉性不强的同学来说，需要老师在课堂上花一点时间，让他们独立思考，把素材活用起来，这样才能使作文有质的提升。通过不断地在课堂上实练，学生能较好地把素材转化为内容，真正地把写作当作语文学习的情感体验，让每一个词语在反复斟酌后成为写作的佳酿。

心之所向，情之所动。总的来说，学生写作不是怕写字，也不是怕花一节课的时间来写作文，而是怕在一节课上面对光秃秃的课桌，脑袋里却搜索不出一个好的素材，懒得思考时，凑满了一堆口水话心怀鬼意地交给老师。因此，写不出，写不好，才是学生怕写作文的主要原因。只有拟写好提纲，确定好思路，花时间去准备好内容，用好这个"导航仪"，我们才会在写作时游刃有余。

# 情思所系之处

贵州省汤山中学　黄筱雯
指导教师　付　杰

　　云贵高原上，那延绵的武陵山脉脚下，有座依山傍水的小城，那就是我的家乡。她有一个美丽的名字，一个一听就让那无数离乡的游子魂牵梦萦的名字——石阡。

　　如果把家乡比作一位慈祥的老母亲，那么她那溢满柔情的眼眸一定是龙川河。她见证了一代代善良朴素的石阡人。她又是那厚实的手掌，夏夜托那阵阵清风捎来她给河边散步的人轻柔的爱抚。轻启双唇，叮嘱在外的游子早日归家；祝愿意气风发的少年早些成功。

　　家乡从不把我们困在一层层的格子间里。她教我们与自然做伴，唤流云、蓝天、草木同我们一起玩耍；她让我们在怀里尽情奔跑、嬉闹；她教我们聆听一树树的蝉鸣，细数一朵朵的阳光，触摸山川湖海的心跳。她的倩影吸引着一位位才子佳人描绘出一个个动人的故事。诡谲神奇的仡佬毛龙，有灵动的脉搏和矫健的身姿，在春宵里舞着闹着，把人间的美好传递到天上的美丽仙界。那深阁春闺里，金银玉软中，一个柔弱娇美的女子在京城因思念故土，派人调兵遣将修建了一条至今仍古色古香的道路。一条下凡的神龙见此地太过美丽，人民热情淳朴。不忍离去，便在所卧之处留下了一股股温泉，女子沐浴后便如仙女般娇艳美丽，男子沐浴后就如大山般壮实坚强。一代代勇士在此地抛头颅，洒热血，长眠在他们誓死捍卫的土地中。

　　小城历史悠久、民风古朴，却又洋溢着青春与活力，散发她独特的魅力。她既有诗人心之神往的恬静自然，又有百姓的热闹和欢乐。她依山傍水，绿林环绕，远离尘世喧哗，体现出自在悠闲。人群虽也熙熙攘攘，心灵却沉静坚定；规划虽也整整齐齐，细节却充满个性；工作虽也忙忙碌碌，生活却快乐悠然。

我如此爱你！爱你的故事，爱你的模样，爱你所爱的人民，爱你沉淀出的坚韧不拔。我因你繁荣而雀跃欢呼，我因你远去而夜不能寐。我深深地爱你，我的故乡！

我是在你林中栖息的倦鸟，是你哺育的孩子。我们之间的情缘深种在血液里，我是你的十亿分之一，我们之间的情缘永不湮灭，无论我将身处何方，你我的情意总会牵动我的心弦，引我回到这一切的原点之处。

## 诗情故里，画意石阡

贵州省石阡县汤山中学　郭　镜

指导教师　付　杰

历经沧桑，千百亿年大陆之间的漂移，将石阡这座古老的小城与雄伟壮阔的中国紧紧相连，他们之间有太多的故事，也有太多关于我和她的故事。我见过名家笔下的家乡，也体会过不同地方的风土人情，但石阡带给我的安全感是任何地方都无法取代的。每当夜幕降临的时候，石阡人民结束了忙碌的一天，又对新的一天充满期待。老人遛着狗漫步在河堤上，大人拉着小孩的手享受着天伦之乐。她见证着我们的成长，也在这方故土上增添了一份美丽。湖面荡漾着波浪，风吹在脸上是轻柔的、甜蜜的，混着淡淡的青草味儿，还有各种花的香，爽朗的心情顿时涌上心头挥之不去。

"小城故事多，充满喜和乐，若是你到小城来……"美妙的歌声，声声入耳，句句动心，它充满着无限的感染力，描绘着一幅独具风格的石阡美景图。

刚醒来的石阡古城被镶上晶晶点点的花边。放眼望去，山上的野花争相开放，一轮橙黄色的红日挂在天边，映衬着新的希望即将点燃。风吹草木，沙沙作响，阳光不偏不倚地将光洒给大地的每一个地方，花草树木在阳光下卖弄优美的风姿，迎接着它们的到来，数不清的蒲公英纷纷飘向远方，我躺在草地里，无数次幻想着山的那边是什么样子，还会是山吗？又或是另一番人间仙境容我细赏，我想要踏着风，追随着风，去寻找。

夏天的遗憾是为秋天的惊喜做铺垫的。我出生在夏天，对它有特别的感觉。就是因为这种奇特的感觉，我开始厌烦。石阡的夏天，空气干燥乏味，尝不到甜甜的滋味。树上的知了嗡嗡地叫着，辛勤的劳动人民顶着大太阳在耕作。夏也许少了春的温柔，春的和煦，它阴阳怪气，依自己的个性、脾气来决定无数人的心情，时而旱，时而雨，让人猝不及防，又心烦意乱。

  告别在夏天里，重逢于秋季中。大地悠然自得地换上了他的红大衣，可石阡的秋与其他地方截然不同。他有时大发雷霆地打击着树枝，有时喜上眉梢地跑过田园，有时兴高采烈地掠过河道。杨柳像个英勇的禁卫军驻守在河边，世世代代守卫着龙川河。河面仍是青绿色，偶尔能看见一两只船缓缓前行。空气中弥漫着桂花的香气，地面上铺满了落叶，不但不萧瑟反而略显生机。正值赶集日，老街的小巷都挤满了人，孩子们怀着一颗热忱的心看望这新奇的大街小巷。大人都为添置新家具、改善伙食而忙碌。我拿出相机随便一拍，又是一张珍贵的照片，充满着风土人情和回忆。

  时光荏苒，逝者如斯，我与这座小城还有很多故事……

# 少教多学,让学生"写并快乐着"

贵州省石阡县汤山中学 付 杰

一直以来,作文教学是令语文教师头疼的一件事,很多语文教师认为,教作文是耗时而又低效的工作,而且一提起作文,学生也是个个愁眉苦脸,极不情愿地写着,这种状态下肯定是写不出优秀的文章的。于是,如何让学生主动地写文章,快乐地写文章,就是我们语文教师迫切需要解决的问题。只有让学生面对作文的状态是"写并快乐着",那么我们语文教师的工作才算是有成效的。如何让学生主动写作文,还要写得快乐呢?我尝试着从以下两个方面做了努力,经过多年努力,并收到了一定的效果。

## 一、"开放式"的教学活动,能让学生"写并快乐着"

苏联著名教育家赞可夫认为,应该打开教室的窗户,让沸腾的社会生活和自然现象,映入学生的脑海,丰富他们的生活体验和感情经验,从而激发他们写作文的欲望,培养良好的个性不能局限于课堂上,还要引导学生参加课外的活动,走出课堂,走出学校,到大自然和社会中去实践,以拓宽学生的视野,丰富学生的积累。学生的作品《情思所系之处》,能从多个角度去体现故乡,说明作文来自观察,来自生活,来自快乐。

(一) 作文与生活紧密联系

《语文课程标准》里提到作文教学"应为学生的自主写作提供有利条件和广阔空间""应贴近学生的实际,让学生易于动笔,乐于表达"。叶圣陶先生也说过:"生活如源泉,文章如溪水,源泉丰富而不枯竭,溪水自然活泼而不歇。"母语的学习，不同于一般的学习，尤其是作文教学，应该与生活紧密联系，哪里有生活，哪里就有写作的源泉。所以，学生的作文应来源于生活，如果脱离了生活，那么学生的作文就没有了情感。只有把学生引入丰富多彩的生活中，带领他们走向生活，感受生活，激发他们的情感，就调动了学生的观察思考和表达的动力，学生动笔就成了快乐的事，写出来的文章自然就能打动读者，学生作品《诗情故里，画意石阡》，能从季节的变化，动静结合，直抒胸臆，写出县城美。

记得去年冬天的一个傍晚，灰蒙蒙的天空刮着阴冷的风，不久就下起了鹅毛般的大雪，同学们看到这情景不禁欢呼，毕竟在我们生活的城市中，赏雪可是一件奢侈的事情。于是，我干脆让学生们放下书本来到操场，聆听雪的声音，感受雪的轻抚。狂欢过后，我让学生把当天所见所感及时写了下来，果然，他们都愿意写，用心地写，并写出来许多优秀的文章。后来，学生告诉我，这次的作文一点儿也不难写，因为他们经过认真观察，用心感受，作文材料信手拈来，文思如泉涌。不像以前，为了写作文都要冥思苦想，甚至还要胡编乱造。由此可见，让作文与学生的生活联系起来，让学生从生活中选材，那么作文就是轻而易举的事了，他们就会"写并快乐着"。

（二）作文与活动紧密相连

爱玩是学生的天性，在学生生涯中，学生所参加的有意义的活动特别多，学生也很喜欢投入这些活动中，有些必要的活动可以补充课堂教学的不足，无论是大型的活动还是小组活动，哪怕是个体行动，都会给学生留下深刻的印象。因为是自己亲身参与的，体验也就深刻了，这样让学生在不经意间积累了活生生的写作素材，比教师的苦口婆心要起效得多。这样，学生就会有很高的创作热情，真情实感也就能自然流露了。

在学习了《中国石拱桥》这篇文章后，我想让学生用说明文体写一篇关于介绍当地的桥的文章。可是如果光让学生写桥而对桥没有认真的观察，只是通过网上寻找有关资料所得必将有限。于是我没有急于让学生写作文，而是先开展了"说说家乡的桥"的实践活动，并给了学生一定的时间和空间，让他们自由组合成小组，也可以一个人单独行动，先利用课余时间走到外面，或是用心考察，或是打听询问，还可以借助现代化手段——拍照或是录像，找寻有关资料。学生们群情激奋，活动的时候非常认真，有的学生认真地做着记录，有的学生专注地听大人介绍，拍照的忙得不亦乐乎，录像的一本正经。结果，活动展开得非常成功，学生们各个都准备了解说词，讲得也头头是道。活动结束后，我让学生把自己的解说词整理出来，就这样学生对家乡的桥有了全面的了解，写作时便信手拈来。

### 二、"人性化"的教学理念，能让学生"写并快乐着"

作文是思想的表达，是学生对主观世界能动的反映，也是人与文化交流的过程。作为语文教师，总希望孩子能看得多些，想得深些，于是，不管学生是否能接受，就把自己的观点强加给学生，没有顾及学生是否能接受，是否愿意接受。于是学生照教师意愿写出来的作文，总给人一种老气横秋的感觉。因此，我们不要把自己的主观理解强加给学生。在作文教学中这种人文性的失落，是学生怕写作文的原因之一。所以，语文教师如果在作文教学中树立"人性化"的理念，多给学生一些人文关怀，那么，学生写作起来就会"写并快乐着"。

除此之外，我觉得我们语文教师还应该注重作文评价主体的多元化。传统的评价都是教师对学生在进行评价，缺乏学生与学生之间的互相评价，缺乏家长和社会各界的参与，随着教育过程民主化、人文化进程的发展，这样的评价模式已不能满足教育的需要。为了改变这样的现状，每次作文后，我都要让学生自己先给自己的作文打分，并说说打分的理由，然后再让学生之间相互打分，让学生看看别人的文章，学会欣赏别人的长处，发现别人的不足，对于同学所提出的意见，学生比较乐于接受。这样，在注意了评价主体的多元化后，学生的见识广了，也能清楚地意识到自己作文中的闪光点和不足，修改时目的性就比较强，写起来就不难了。所以，在作文教学中，如果我们教师能注重"人性化"的教学，那么，学生面对作文就一定会"写并快乐着"。

作文是语文教师教学中"难啃的骨头"，也是学生学习中"难啃的骨头"。我努力尝试着让学生写作文时不再有恐惧心理，让他们面对作文，能真正感受到"写并快乐着"，这项工作任重而道远，但正如屈原所说的"路漫漫其修远兮，吾将上下而求索"。

# 乡娃娃的四季

铜仁一中初级中学　黎诗颖<br>
指导教师　王应陶

我的家乡是个娃娃，它的四季与众不同，每时每刻都保持着它独有的姿态，惹人喜爱！它的四季是四幅不同的画，每幅画里都流露出它对美好生活的向往！我爱我的家乡！我爱这个娃娃！

冰雪融化，万物复苏，空气变得清新透彻！天空如此的蓝，像被冲洗了一般明亮，一团团如棉花似的白云点缀在天边，把天空装饰得如画一般。燕子不甘心，从南方飞过来，为春天唱出赞歌。小草从地里探出头来，对树哥哥说："春天的太阳多么灿烂，如金色的稻田。"翻过围墙，穿过茂密的小丛林，跑过一片金灿灿的油菜花田野，还可以时不时摘一朵小花，插在头上、耳朵上，自恋一番后，带着春天的气息，继续去寻找声音的来源地！走啊，跑啊，跳啊……终于找到了！原来是一群孩子在披着绿毯的草坪上玩。他们在干什么？他们站在穿着绿衣的小山顶上，一看就是在炫耀自己的战绩！一阵微风吹过，我的家乡在四季妈妈的手里捧着，像个心肝宝贝一样。

夏日被我家乡的美貌吸引而来，死心塌地地追寻着我的家乡，因为它还是个娃娃，所以接受不了夏日的热情！这时，乡娃娃被夏日烤得不知所措，因此夏天就得不到乡娃娃的喜爱！不知不觉，一阵清风拂过，赶走了夏天！迎来了秋天！

秋风是个大好人，带来了秋天的凉爽，赶走了夏天的酷热，还带来了"丰收"这个大礼包！秋天的乡娃娃可开心了！它爱上了这个季节！因为秋天还给它带来了一件新衣裳。现在它要好好地自恋一番了，它让摄影师拍了一张照片发到世界各地！它赏心悦目地看着照片中的自己！摄影师笑了，这个乡娃娃也笑了！因为照片被一个叫冬天的男孩看见了！它看着照片，害羞地笑了笑……

寒冷的冬天早已为乡娃娃准备了一件昂贵的羊毛大衣，乡娃娃穿上后，变得雪白雪白的，显得格外漂亮。还有许多小房子上也都盖上一床白皑皑的棉被，也是冬天送来的。这时，家家户户的孩子们都从家里跑出来了，他们在雪地里打雪仗、堆雪球、踩滑板……好一派欢声笑语啊！因为孩子们身穿着五彩的衣裳，所以大地与冬娃娃不再单调！

我爱四季，更爱这个乡娃娃！

# 浅议如何在语文课堂中处处渗透作文教学

铜仁一中初级中学  王应陶

"得语文者得天下",语文地位的重要性不言而喻。作为一名语文教师,我深有同感,在我们语文教学中,其实最难教的就是作文,作文简直成了令教师和学生都头疼的"顽症"。加之我们在平时的语文教学中,时间紧、任务重,专门上作文课的时间和次数就更少了。所以,我们应该充分利用平时的语文课堂,把语文课堂与作文教学联系起来,让作文教学渗透到语文课堂的各个环节中去,从而引导学生从优秀的课文中学习写作技巧。

## 一、结构匀称,布局缜密

作文结构是否合理,是决定一篇作文好坏的关键因素。在平时的作文训练中,我们总是发现,学生在谋篇布局上存在很多问题,例如,开头不够简短有力,整篇文章三段式,内容之间缺少过渡,结尾拖泥带水等。一篇文章如果出现了这样的情况,就显得不令人满意了。哪怕选材再好,也不能把好的材料尽情发挥了。教师指导学生写作,必定要让学生重视对文章结构的安排。训练学生谋篇布局的能力是教师作文教学的重要环节,我们不妨把这一训练环节也放到语文课堂上,以教材上的文章作为范例,让学生边学习边感受作家们是如何安排文章结构的。

我在平时的教学中,尤其注意让学生从课本的文章中学习如何谋篇布局。每篇课文都喜欢让学生划分一下段落层次,虽然这样的教学方法有点传统,但我认为这样做既能让学生厘清文章的线索,又能让学生学会如何在作文中安排文章的结构。

## 二、读写结合，力求完美

语文教学中的"读"应该放在第一位。读有许多好处，不仅可以积累素材，学习写作方法，还可以在读书的过程中培养语感，学会模仿。我认为，对于中学生来说，读别人的文章，体会别人遣词造句的精彩，有选择地进行模仿是很有必要的。没有读的作文课和没有作文的读都是不完整的语文课。语文课本中的每一篇课文，都是精心选编的，它们的精彩不只是内容，还有写法。我们一定要在引导学生学习课文内容，体会课文思想感情的同时，让学生发现作者写作上的亮点，并且能及时地运用到写作实践中去。

在平时的语文课堂教学中，我会用足够的时间让学生朗读优美文段，提高学生的语言表达能力，同时利用一切机会督促、鼓励、带领学生读书。早读课必须大声朗读，因为早晨是记忆的黄金时间，可以利用这段时间背诵一些重要的知识点、名言警句，或者进行佳作赏读。每节语文课前三分钟，轮流由一名学生进行说话训练或者阅读分享。在每周阅读课上，我陪着学生坐在教室里静静地看书，并要求他们选择一段最精彩的内容展示给大家，达到共同分享的目的。这样做既锻炼了学生的当众阅读水平和语言表达能力，又让其他学生在听的过程中，丰富了知识，开阔了视野。

## 三、语言丰富，抒情达意

语言贫乏也是很多学生作文不理想的一个原因。这些学生往往想写一件事，却写不长，三言两语就讲完了。当描写一种景物时，学生不知道怎样去描写景物的特点，不能用文字把景物形象地写出来，也不会把自己的真情实感表达出来。这样的文章给人的感觉是要写的东西写明白了，但是太平淡了，毫无美感。针对这一问题，教师可以在平时的教学中，让学生多多品味文章的语言，通过品味语言的魅力，学习如何去描写人、状、物。既然学生写不出美，那么教师为何不先把学生带入美的世界中，让他们在感受中学习呢？更何况我们的语文课堂真的很美。如我班小黎同学在《乡娃娃的四季》一文中多处运用细节描写、修辞手法、表现手法等，这样避免了语言枯燥、空洞乏味，使其文章语言活泼明快，富有文采，读起来行云流水。

**四、主题鲜明，道理深刻**

我们在平时的上课过程中，要注重引导学生学会去思考生活、发现生活、感悟生活。引导学生阅读名家作品，深入体会作品的思想内涵，从名家的作品中明白：平凡的生活中到处有不平凡的、值得我们去写的东西。

在初中语文课本中，很多课文都是对平凡生活的重现，却又异常动人。教师在教学这一系列的课文时，让学生感悟文章思想感情的同时，应该把它与作文训练的目的联系起来，让学生思考一下，在自己生活中是不是也有类似平凡却又不平凡的事呢？你看到这些人和事时的感想是什么呢？是不是也能把这些东西写成文章呢？其实，作文并非一定要写轰轰烈烈的大事，否则哪来的"以小见大""细微之处见真情"？就在萧红的《回忆鲁迅先生》文章中，作者用细腻的笔触，真实的心灵感受，再现出形神兼备、血肉丰满的"活的鲁迅"，让读者看到了鲁迅生活化、人性化的一面，加深了对鲁迅的感性认识，并能放松地走进这位伟人，感受其精神魅力。

**五、形式多变，个性张扬**

写作的过程同样需要发挥人的想象力，所以想象能力的培养是作文教学的重要环节。只有具备丰富的想象力，学生才能思维活跃、视角独特地进行写作，才能更好地把生活中的所见所闻应用到作文题目中来。

想象力不是生来就有的能力，而是后天开拓的结果，它是完全能够培养的一种能力，所以我们在作文教学中也要注重对学生想象力的培养和激发。我在平时的语文教学中，总是围绕教学环节，尽量给学生提供写的机会，充分发挥他们的想象力，激发学生的写作兴趣，尽量让学生写作时能充满个性，能突出自己的写作风格，给人耳目一新的感觉。

写作是学生各方面语文素养的综合体现,作文教学应是与语文课堂紧密联系在一起的。我们在平时的语文教学中,应该充分利用语文教学资源,让学生在学习课文的同时,不断地得到写作锻炼的机会,不断地提高写作的各方面能力。相信在这样的训练过程中,学生定能取长补短,在潜移默化中学到写作经验,今后不再为完成一篇作文而感到苦恼。

# 五·十三·十五

铜仁一中实验学校　谢佳容
指导教师　向文艺

我家门口那棵高大的皂荚树，没人知道它的年龄，但自从我记事起，它就无声无息地立在了那。

时间年轮滚滚，我们都在变……

## 五

五岁，那是一个多么天真烂漫的年龄啊！我在皂荚树下发呆、捉虫，偶尔和它说话。它周围的土地，全是良田。夏听虫鸣，冬看雪景。只是偶尔在电视上看到那耸立的高楼，奔驰的汽车，心中不免疑惑。到底是什么，也不清楚，只觉得这棵树，将会一直这样下去。

一个小小的花园，中间耸立着一棵高大的皂荚树，皂荚树的周围被一些杂乱的小草包围着，没有多少行人，略显一丝凄凉。

## 十三

而如今的我已有十三岁，上了中学，但不是在我的家乡，而是在市区。

离开家乡已接近四个月,我五岁时那天真的愿望也实现了。但是,有些东西好像只有亲身经历过后才懂得。

当我走在陌生的街上时,我不禁想起了我的家乡;当我走在陌生的广场上时,我不禁想起了我的家乡;当我坐在陌生的公共汽车上时,我不禁想起了我的家乡……想起那些听虫看雪的日子,想起那大片的良田。不,现在那些良田已变成繁荣的生活广场了。但依旧有的,是那些幸福的歌声。

## 十五

十五岁,是两年后的事了。我不知道那棵皂荚树下又会发生什么变化。或许花园里会增加一支箫和笛吧,或许花园里也会多一棵皂荚树去陪伴它吧,或许花园的面积会逐渐扩大吧!但我想我会带着优异的成绩回到那个充满爱意的家乡,再一次好好地看看,看看它这十年来的风风雨雨。我想我也会遵从习近平总书记对我们的期望和要求——"作为新时代的青年,应志存高远、忠于祖国,努力做新时代具有远大理想和坚定信念的爱国者!"

五、十三、十五,简单的数字,不一样的风景。时代造就英雄,我们不一定都成为英雄。但愿我们都珍惜当下,活在当下。那棵老皂荚树,愿您常青……

# 浅谈如何消除学生对作文的畏难感

铜仁一中实验学校　向文艺

"语文素养是指中小学生具有的比较稳定的、最基本的、适应时代发展要求的听说读写能力，以及在语文方面表现出来的文学、文章等学识修养和文风、情趣等人格修养。"这段文字是《义务教育语文课程标准》（2011版）中对"语文素养"这个词的一个界定。我想，作文是最能体现学生"语文素养"的一个方面。

通过作文，来完成《义务教育语文课程标准》中提出的提高学生"语文素养"，培养学生树立正确的人生观、价值观，满足社会的需要。

如今，教育教学中的一个怪现象是学生越来越怕语文，尤其怕写作文。从一生下来就学着用汉语表达，到了写作怎么反而成了学生学习的一大难题呢？我想"老师不会教"是绝大多数人不愿承认但不得不承认的。你问一个数学老师，某个题怎么解，他会；你问一个化学老师，某个实验怎么做，他也会；但如果你问一个语文老师，写好作文有什么方法，他不会。反而，当你拿一篇质量不高的文章给他看时，他会说你知识面太窄，语言不精练，修辞手法运用不恰当，文章品位不高诸如此类。如你再问怎么办，他绝不耐烦，定会说一句"多读多看"敷衍了事。仅这一句，便把学生推到了作文的门外。作文教学涉及面广，我们永远不知道它有多深，终究探不了它的底。作文教学有难度我们也可以理解，但"不怕慢，就怕站"，这是优秀语文教师代泽斌老师的处世哲学，我想，作文教学也是如此。如何提高作文教学的效率，消除学生对作文的畏难感，这已成了我们亟待解决的问题。

作文教学，学生是主体。

在任何一次作文教学中，我们必须先认识到学生的主体地位。这次比赛的主题是"家乡"，拿到这样的题目，应引导学生正视自己的成长，在成长过程中，"家乡"的意义是什么？他必须自己先有感受，才能更好地理解文题。在此前的教学中，我也曾犯过类似错误，如写"母爱"，我总会有意无意地强加情感给学生，告诉他们这个主题的关键词是"温暖""依靠""陪伴"等。结果，全班同学的作文几乎一个模板：妈妈给我煮夜宵，我感受到了母爱；妈妈冒雨接我放学，我感受到了母爱；妈妈深夜背我去医院，我感受到了母爱……后来我问他们，真的每个人都有母亲深夜给自己煮夜宵的经历吗？全班58个孩子，有一半的人没有举手。我又问，你们的母亲从小到大都陪伴着你们吗？得到的回答是：煮夜宵的那一半的一部分是三四岁的事情了，而没有类似经历的同学基本是从两岁开始就和奶奶一起生活，"妈妈"这两个字，对他们都异常陌生。后来，我们写了一篇"印象中的母爱"，有同学写了"陌生感"，真真切切写出了作为留守儿童的心酸。那一次在作文的阅读展示中，有三篇作文在阅读时让全班同学潸然泪下。

作文教学，"少教"才能"多学"。

平常的时候，我们教学生什么？教开门见山、首尾呼应、修辞运用、欲扬先抑、深化主题等，招数五花八门，到学生写作时却如水中捞月，一筹莫展。我认为，作文教学中老师教什么不重要，学生学到什么才重要。再来看如今的作文课堂，哪位老师不是在教学生走捷径拿高分？课堂内的常用语如"要想作文显文采，排比引用用起来""老师眼球开篇抓，后文结尾要升华"之类，都是各位语文老师的"拿分法宝"。

而作文是什么？是创作。创作是纯粹自发性的灵感，也是自我精神世界的思考与表达。帮助学生认识收集"灵感"，展示"自我的精神世界"，才是我们老师该做的事。如这篇《五·十三·十五》就是一篇灵感之作。我们教室里养了一株月季，买来时只是一个树根。我每天都去看一遍，一点点芽儿尖冒出来，第一片叶子展开，我都赞叹不已。大概由于我这无聊的举动，佳容同学也加入了我的行列。后来有一次，她就跟我提起了她家门前的皂荚树。说了许许多多的回忆，她眼泛泪花。我说："树还是那棵树，人不是那个人了吧！"她笑了笑。后来征文，她写了这件事，语言平实而动人，情感自然流露。我想那次的谈话，便是一次教学吧！生活，便是一堂堂生动的作文课。而生活，是不需要强调修辞的。热爱生活，更没有技巧。

作文提高，要少练多修。

"人生面对无数的选择与诱惑，与其在不断的选择中蹉跎人生，还不如一生只挖一口井，瞄准目标不动摇，用一辈子的时间做好一件事。"作文虽不至于一生写一次，但道理相通。我们一味地让学生练习，真的有效吗？学生在练字时我观察了一个现象：有的学生在练习时，速度很快，一天写一页两页，老师表扬他认真又积极。而有一部分学生，一下午可能就练三五个字。当你过一段时间来看时，写得又快又多的学生，字不进反退。而那一部分细细琢磨结构笔画的学生，水平快速提高。这一现象，名人中也不胜枚举。如易中天研究《三国演义》20年，写出发行200万册的《品三国》；法国画家雷杜德一生专注画玫瑰，终于组成《玫瑰图谱》画册。作文教学中，如果我们只一味地让学生下水，任凭他胡抓乱搅，那么只能使他越来越害怕，"作文"又将成为他心中的一大恶魔。但如果我们写一次，精修一次，让学生从修改中发现自己的不足，找到写作的路径，感受写好一个主题的成就，那么，结果又会如何呢？我在一次题为"这个春天啊"的作文练习中，有一个学生的开头是这样写的："这个春天，没有温暖的阳光，只有阴晴不定的天气；没有鸟语花香，只有一阵阵无味的春风；没有嘈杂喧闹，只有安静（她文章的主题是赞扬'逆行者'）。"后来经过我们讨论修改成了："这个春天，没有花香鸟语，柳枝轻摇；没有往日的欢声笑语，热闹非凡；也没有街头的人头攒动，人声鼎沸。有的是白衣天使们脸上道道分明的勒痕；是全国上下的万众一心，众志成城；是中国的大国风度。"修改的过程是师生灵感碰撞的过程，碰撞才会产生火花。

学生不是制造分数的机器，他们应该有自己对这个世界的感知。老师也不是手工作坊里拧螺丝的技术员，这个职业，应该有温度。作文课堂不是人云亦云，作文教学更不该舍本逐末。让文字重新活过来，让作文唤醒学生的血液，让思想在作文课堂上碰撞，我想，这样才能消除学生对作文的畏难感。

# 锦绣盛界，人间天堂

贵州省思南中学　冯宇娟
指导教师　田江玲

榭叶山路漫漫染，枳花深入浓浓情。榆梓，保留心中深久不稀罕的纯情。归园，珍视人儿无法消释的无穷的念想。乡貌，是记忆里浅浅的景儿与深深的人情，不断交织，而后失却复显，是人味、景味、情味的丰盈。

## 醉美·纯真善人

竹叶探窗，风生明月，如乡人不胜世俗的艳浮，是天真纯情的美人。穿过千山点水，游目群林翠点，几处炊烟，几处居落，几处雅情。乡人乐，纵天明晨启，挑篓背簸，踏上几千米路到集上绕走。老人们不疲而喜，享受这沸腾华饰的街区，在满目琳琅中度乡日。乡人乐，纵地处偏移之地，山妆饰了乡间，似又阻隔了些许外来新鲜。但乡人不锢于眼前之势，既有古镇旧楼的欣悦，又有现代建筑的通派，立足于今而又展于未来。乡人乐，以四季的多味沉淀下属于乡里的气息：春水煎茶，夏雨赛舟，秋凉赏月，冬日元宵，亦以特有风味，人尽显纯真野性之味，从心间萌发的善伴人而享于这天地山川，乡里园居。

人味，是乡貌生动鲜活的一味。

## 雅秀·旖旎风光

  白云生处有人家,风花雪月自然来。明明随江千万里,何处乡里无好景?唯见目之所及,绿荫成群,难容荒瘠之地。唯见青山绿水,流不尽几多风光。乡景美,不止满山遍不尽的杜鹃洒铺沃野,不止酒香人醉而名于世,不止壮丽河山,不止黄树叶落飘飞人家。乡景美,容有陶渊明笔下桃花源般落英缤纷,兼有小石潭里鱼儿皆似空明而无所依的活水,亦有藤花蔓绕遮蔽下怡然的山庄避暑。

  乡景美,却不局限于自然风光,是原生态下的乡味与色彩斑斓下的人间绝色。宝蓝,是乡人苗绣中绚丽锦色的图锦,是山野里优雅的蕊朵。沙红,是古楼长街充满生活气息的墙楼瓦壁,是糕点里流心的一抹柔色。黛绿,是乌江源源不尽的平流之色,是碧里乡间,点染乡人衣裳的绝色。这秀奇景,中国色,融入为乡貌的一味馨香,弥散至桂子香飘十里的人间。

## 纯真·真情醉人

  近乡情怯,自是乡情勾人魂,将怀馨深久。乡情,是边城小天地,茶峒镇里纯纯的情味,是余光中笔下隔着海峡也相依的情思,是游子落叶归根的夙愿。乡人自平淡于烟尘世间,所因乡味人情根植于心而化成不可磨灭的昂扬。人情浓,不仅是酒席里热烈的豪饮畅言,更是火辣辣的情。人情依,不仅是纵远千里,更是胃与口舌始终脱不出的乡味,牵引着,千里不断的情思。人情烈,不仅是舞龙炸狮里的开朗,更是入乡即客的热忱,乡人不顾血缘的不同,所见皆为客,凡必迎。情味,流离于空中、云中、心中;乡土,埋藏于眼中、笔尖、心中。乡情,是一发不可收的川流涌烈。

凫雁儿回塘,南鸟又归乡。

自是乡景好,引人自翱翔。

## 少教多用
## ——如何用生活与教材中的素材充实并创新高考作文写作

贵州省思南中学　田江玲

语文老师们常常忧患于学生作文套话连篇、空洞无物、抒情苍白、议论无力，读之无味、弃之可惜、如同鸡肋，只能在摇头叹息中给一个堪堪过四十的分数。为何如此？原因很多，而文章没有丰富的素材做支撑，以致内容都显得不真实、不丰满必是原因之一。

素材的积累与运用确实是学生作文写作和老师作文教学的"老大难"。以"爱国"主题的考场作文为例，你看那两眼无光却奋笔疾书的学生，往往正在喊口号、组套话；学生写下"钱学森"三个字然后笔尖凝滞的那是只知其名而不知其事；还有学生抓耳挠腮一分钟后，分别写下了多年来用过上万次的写作素材，如自投汨罗江的屈原、忧国忧民的杜甫、归国刻苦钻研技术的钱学森和"杂交水稻之父"袁隆平……评卷老师们看过最多的，莫过于学生们的这些套路，这些学生已经把这些爱国志士、英雄豪杰的厚重人生经历中的爱国华章笼统为一句话、一个称号、一个标签，甚至是不知哪里吹来的一阵风，多可怕又多可忧！

我在班级里也进行过以"乡貌、乡愁"为主题的写作实践训练，要么是以政治书式的极其书面的语体色彩语言在说明着精准扶贫政策在农村的施行状况；要么就是在文中吟诵一下余光中的《乡愁》之后就开始空喊"故乡，我爱你"；更有甚者可以毫无感情地平铺直叙自己在家乡的一些鸡毛蒜皮的琐事。也许是心灵的距离隔得太近，许多学生竟然描绘不出家乡真实而美丽的面貌，没有可供想象与共情的画面与场景，多可叹又多可悲！

这样的作文如同用杜撰虚构到虚假、平凡琐碎到俗气的机器批量生产的套娃,也许精美但不鲜活,型号不同但也并不独特,最重要的是它的材质是没有生命力的,它的内在没有内容,更没有灵魂。所以一篇作文要有实实在在的内容,记叙的事件才会曲折动人,抒发的情感才不再抽象,议论的道理才会有令人信服的实际力量。而这一点不是一朝一夕就能做到的,需要日常素材的不断积累。

谈到这里定有很多人要反驳了:学生哪有那么多时间去专门寻找并背诵作文素材呢?

而我也想反问:学生必须去专门寻找并背诵作文素材才能写好一篇作文吗?其实每一个学生的脑袋里已经存储了许多素材,若非特殊需要,其实不必花时间去刻意找、专门背。

首先,含高中三年时间在内,多数学生们已度过约十八载的人生,所遇之人物、所历之事件、所见之物景、所听之箴言、所感之情绪、所知之文化,不知凡几,这些都是根本不需要花额外很多时间去专门背诵的真实而丰富的写作素材。

其次,学生所学的教材仅语文一科到高中也已有三十多本,老师讲解过的所有文章中可做素材用的包括作家经历、格言名句、人物典故等在内绝不下于一千条。若再加上其他学科如理科中的科学家故事和政史地科目中的大量中外史实时事,不需额外收集背诵,课内已背过的稍加归纳便已不下于五千条,几乎涵盖所有已考过的高考主题写作所需。而我们写作一篇800字以上的作文,按高考作文"丰富、新颖"的标准,素材多点也只需十个。

所以语文老师们在让学生专门背诵新素材这种事情上大可少教一点,语文老师要着重教的是已学素材的运用方法。做到这点语文老师就如同掌握了在杠杆下放置能撬起地球的支点的关键,让学生具备了自如运用自身庞大知识库的力量。

方法一:引导学生"细察生活,随笔记录"。学生每天过着重复但实际并不相同的生活,他们并不会"注意"生活的独特面貌,所以语文老师要让学生有这个意识,并把这个意识贯彻应用到周记等日常作文训练中去。每周让同学们寻一个过去到现在并贴近他们生活又有意义的物、景、人来观察,学生会自觉真实而独特地描绘它。

方法二：课堂带着学生"提炼教材，归纳素材"。为什么学生有如此丰富的素材却在写作时文思枯竭、无物可写？就是因为这些素材仍静静地糅杂在学生知识的汪洋大海中，每次提取就如同大海捞针般困难。所以建议语文老师们在每一本教材讲完后可以给一节课的时间让学生提炼并归纳素材。可分阶段进行：高一归纳初中的，而后每上一本教材归纳一次，高二下学期复习高中课本时整体归纳一次，形成从篇目中提炼（含作家、名句、典故）对应主题的素材和与主题链接相应可用素材的素材体系。这个过程中既可以复习一下阅读鉴赏的篇目，又可以提高写作表达的能力，一举多得。

很多学生都有"自己没有积累过作文素材"的感觉。而语文老师们要点拨的正是让学生意识到自己已经储存了大量素材这个事实，减轻他们对写作的心理压力，引导他们提炼并归纳写作素材，至于具体提炼的过程，同学们是很轻松就可以做到的。

方法三：尝试微写作，"化整为零，训练片段"。语文老师在进行作文教学的时候常发现要进行一次考场写作的指导往往要花很长时间，次数过多，课程进度就缓慢，次数太少，则难有成效。语文老师不如尝试一下片段写作，放在教材同主题的阅读鉴赏的文章的教学后面，让学生运用本文中的人物、典故、作家、名言等写一段话，每次不用花费很多时间，设置灵活，多次下来可以很有效地提高学生"充实"自己作文的能力。

方法四：落实考场写作的"专题讲解，耳提面命"。上文所说的方法主要是积累素材，要想在考场上真正把素材融进作文中，使文章能"丰富、新颖"起来，还是需要很多技巧的，就应对高考考场作文而言，这是宜早不宜迟的。这个时候要教给学生的就是挑选素材、叙描素材、分析素材来论证观点表达感情的方法。挑选素材侧重培养学生挑选"切题而新颖"的素材的意识，"惟陈言之务去"；叙描素材侧重手法的灵活：或一句话点睛概述，或排比句段有气势地叙描，或正反对比，或细描一个素材贯穿全文，多尝试不同方法；分析素材则侧重素材与观点链接的逻辑性和素材对自身感情的支撑力量。

方法还有很多，不再赘述。一以贯之，就是"少教背诵，多导实用"，语文老师可以用巧妙的教学安排，高效率地完成提升学生表达能力的教学目标。

## 笑醒了的梦

铜仁市民族中学　李佳琴
指导教师　黄　玲

  梨花散落了一地的芳香，片片纯洁似雪的花瓣抚过我的脸庞，我的嘴角不自觉地上扬，它也知道，这里是我的故乡。

  闻着泥香，慢慢地走在曲曲折折的小道上，我看见了那湾夏日里去游泳、摸鱼的，成群鸭鹅浮游欢叫的清水塘；一块一块明镜似的水田里，弯腰插秧的人们正把一棵棵绿油油的秧苗整齐地排放着，他们的脸上满是欢乐，一滴滴汗珠落进水田中，荡起一点一点喜悦的光。不远处的山坡上，绿草如茵，山花烂漫，牛羊在悠闲地吃着草，晒着太阳，而那些放牛的孩子在尽情地欢笑、打闹，那笑声在整个村子的上空回荡……我禁不住孩子们欢乐的诱惑，便跟着他们穿进树林倾听树叶的歌声；穿进花丛观察蜜蜂们的辛勤；穿进果园细嗅梨花的芬芳……

  夜幕降临，落日的余晖洒在青灰色的砖瓦上，整个村子笼上了一层金色的光。一缕缕炊烟在空中慢慢升腾，微风轻拂，炊烟飘进白云里，和白云一起做着甜美的梦。"大宝，回家吃饭了……"呼叫孩子回家吃饭的声音在村子里此起彼伏，一阵阵饭香溜进我的鼻子里，我随着香味来到奶奶的饭桌前：清炒鸭脚板、凉拌折耳根、野葱炒肉末，还有一碗香喷喷的红烧肉！"乖孙，多吃点，这些都是你爱吃的。"奶奶唠叨着，我大快朵颐，吃得故乡满是春天的味道！

  晚饭过后，村子变得安静下来，只有房前屋后的小昆虫在浅唱低吟，唱着它们的情歌。温柔的月光洒进院子，地面上印着斑驳的树影。晚风清凉，奶奶靠着躺椅，我搬个小板凳依偎在奶奶身旁，听奶奶说那过去的事，头顶上挂着的星星也同我一起听得入了迷，眨着眼睛，一闪一闪……

当我睁开眼时，除了上扬的嘴角，什么也没有了，原来这只是一场梦！这梦里，泥土的芬芳，孩童的欢唱，袅袅炊烟，层层麦浪在飞扬！

趁着暑假，我回到了许久不见的故乡。她变了，变得让我觉得既亲切又陌生。昔日坑坑洼洼的泥泞小路已"进化"为了宽阔平坦的水泥路，道路两旁排列着整齐的路灯；清水塘里种满了荷花，田田的荷叶荷花迎风招展，空气中弥漫着缕缕清香；梦里人们插秧的水田已经建成了集种植、科技研发、旅游观光于一体的"农业科技园"。奶奶家的老木屋也不见了，映入眼帘的是一幢白墙青瓦的楼房，奶奶高兴地拉着我进屋，笑着说道："你好久没回来了，现在变化可大了！你瞧，家家户户都住上了楼房，用上了新家电，饮水机、冰箱、洗衣机什么都有，洗衣做饭可方便了！"

天色慢慢暗了下来，外边的路灯相继亮起，不见了炊烟，但路灯却把整片天空照得格外明亮。奶奶在厨房忙碌着，做着我爱吃的菜，那身影，那饭菜的香味依旧那么熟悉，熟悉到让我又进入了那晚的梦里，那有月光与星空的梦里，此时加上了路灯的照耀，使一切变得更加美丽迷人。我与奶奶一边吃着饭，一边听她说着村子的过去，现在与将来……

这一夜，我枕着淡淡的荷香入眠。梦里，洁白的梨花抚过我的脸庞，散落一地的芳香，我开心地笑了，比那日梦里笑得更甜。

# 学科核心素养下高中语文写作教学实践点滴

铜仁市民族中学 黄 玲

《高中语文新课程标准》中把"语言建构与运用"作为语文四大核心素养之一，作文就是对语言建构的直观体现。因此，高中语文作文教学不仅是新时代语文学科素养的要求，也是学生未来学习发展的要求，更是整个高中语文教学的重中之重。如何做好高中语文作文教学，提高学生的写作水平，是语文教学中一个值得关注和重视的问题。如何让高中语文作文教学这半壁江山灿烂辉煌是语文教师们一辈子的追求。然而，在当前的高中作文教学中，教师似乎都比较喜欢让学生通过模仿范文的方式来提升作文的水平。但是，这种方式过于程式化，限制了学生思维发展，使之缺少灵气，加之过于推崇写作技巧，导致学生的作文只有华丽辞藻的堆砌，缺少真情实感的表达，不能用心感受生活，甚至脱离生活。我认为要改变这种现状，"少教多学"不失为一种行之有效的手段。

### 一、"少教多学"，拓展阅读视野，促进自主学习养成

"少教多学"在高中语文作文教学中的应用，能够充分满足学生自主学习的需求，真正让学生成为学习的主体，并为学生带来明确的作文学习方向，通过给予学生较多的课堂内外的学习时间来实现高质量的作文教学。我从高一学生入学开始就在班级中设置图书角，给学生们推荐优秀的书籍、杂志，引导学生开展早读、晚读活动，并指导他们把阅读感悟写在日记、周记中，每节课前利用5分钟让学生进行美文分享，使他们逐步养成自主阅

读、积极思考、自主写作的良好习惯。高中学生已经具备了一定的语文认知和写作基础，因而在语文写作教学中即便教师不进行过多的教育引导，学生也能够比较轻松地进入大量阅读理解状态。传统的课堂学习过于被动，在一定程度上限制了学生语文阅读能力的提高。通过"少教多学"的应用，能够迅速改变学生的语文阅读理解状态，给足学生自主阅读和理解的时间，鼓励学生将自己的阅读理解充分地表达出来。例如，在进行《记念刘和珍君》的阅读教学时，在开展具体教学活动前，让学生自主查阅相关作者信息、作品时代背景、相关作品，创设初步的认知，课堂上再给学生留有充足的时间进行自主阅读讨论，针对学生不理解的地方，教师可引导学生进行标注，借助问题引导学生对文章进行有效的理解和感悟，并将感悟进行整理，形成文字在班上与同学分享交流。如此"少教多学"，不仅全面提高了学生阅读的质量，也开阔了学生阅读的视野，同时为提高学生写作能力打下了基础。

### 二、"少教多学"，引导学生感悟生活

叶圣陶曾说："生活充实，才会表白、抒发出真实的深厚的情思来。"教师将"少教多学"理念应用于语文作文教学活动时，采用探究式来引导、鼓励学生学习作文，学生能够很好地调动主观能动性，对作文产生浓厚的学习兴趣，进而掌握写作技巧，提高作文水平。在积极引导学生主动将阅读知识与生活素材进行艺术化加工的同时，又要求学生用心感悟生活，用情表现生活。例如，在给李佳琴指导修改《笑醒了的梦》一文中暑假回家路过荷塘的情景时，引导她用心阅读《荷塘月色》中有关荷塘、荷花、荷香的描写，然后联系自己回家路上的所见、所闻、所感，于是原本索然无味的写景就修改成了"清水塘里种满了荷花，田田的荷叶荷花迎风招展，空气中弥漫着缕缕清香"。在这一过程中，她是阅读者、体验者、修改者，我只是引导者。在教学过程中，教师注重对学生语文综合素养的提升，注重在作文教学当中利用教材的相关内容，结合学生自己的认知，引导学生深入地观察生活、体验生活、感受生活，让学生在阅读与现实中积累丰富的写作素材，领悟真实的情感世界，而不是简单华丽辞藻的堆砌。同时，

文章要能够抒发与日常生活紧密相连的真实情感，学生就要真正深入生活，去体验生活，写出来的文字自然就会富有情感，富有生命力。这些正是"少教多学"的真实运用。

### 三、"少教多学"，驱动作文教学的精细化

高中语文作文教学不仅要突出核心素养培养的重要性，更要通过作文教学中的精细化训练来实现。精细化训练是作文教学培养学生核心素养和全面提高学生作文能力的必由之路，作文教学要与核心素养擦出火花，就要在精细化训练的过程中悉心指导，通过精细化训练的逐步渗透，把核心素养的要求与内容转移到写作过程中，从而使作文写作活动与核心素养培养同步开展，并取得较好的效果。

在日常的作文教学中，其一抓的是作文材料阅读与立意的精细化。例如，在指导学生进行任务驱动型作文材料阅读时，注重"寻—思—选—立"四个环节的精细化："寻"就是注重引导学生审读作文题目，从材料要求中寻出"各类任务"，分条写在草稿纸上；"思"就是对所给材料的关键词句或事件深入分析，把握其深层内涵，找出其文化底蕴和价值取向；"选"就是从题目中选出两三个内涵相近或相关（相对或相反）关键词句或事件，充分挖掘其关联性、统一性、整体性；"立"就是对关键词句或事件进行组合，同时，在审题立意时还要仔细揣摩材料的措辞、语气，准确把握材料的思想感情，出题人的命题意图，找出最佳立意角度，锁定全文中心观点。

其二是作文修改精细化。指导学生修改作文时要严格按考纲要求执行，从卷面字迹、有无错别字、有无病句、审题立意、结构思路、内容选材、语言构思等多方面入手，精批细改，把好文脉。精细化落实学生互改、自改和教师评改三个环节。批改作文主要以鼓励为主，但也绝不能一味地表扬作文中的优点，而不强调作文中的不足。表扬与批评，重在用语是否恰当、到位，要让学生乐于接受。教师写批语时还要避免笼统、模糊不清，笼统的批语会让学生摸不着头绪，不知如何去修改。例如，针对文体不明确、语言不够流畅、结构混乱等，教师一定要让学生知道明确的文体和清楚的结构，避免以后会犯同样的错误，因此，批语更加注重相应的指导和

具体的做法。又如《笑醒了的梦》"夜幕降临，落日的余晖洒在青灰色的砖瓦上，整个村子笼上了一层金色的光。一缕缕炊烟在空中慢慢升腾，微风轻拂，炊烟飘进白云里，和白云一起做着甜美的梦。"是引导学生进行了三次修改而最终定下来的。批改完后还要进行及时的分析、总结和反思，按分数、等级统计班级作文成绩，统计学生作文中存在的不足与优点，按照考纲要求分类、归纳，为学生再次写作进行导航。

其三是作文讲评精细化。讲评作文注重学生的主体地位，充分调动他们参与学习的积极性。教师在初评时，总会发现本次写作中比较突出的共性问题，在佳作欣赏时，教师会有意识地给予引导和点拨，以提示学生关注。欣赏佳作后，教师针对性地选择一篇"问题作文"引导大家共同评改，发挥集体的智慧，师生一起评改，研究作文修改的方法与存在问题的原因，教师指导学生从用词上进行删换，从内容上加以补充，从表达方式上提出建议。如此一来，一篇佳作便跃然纸上，除了欣赏之外，学生亦初步领悟到简单修改习作的方法与乐趣，也体会到修改的成就感。

总之，"少教多学"对于高中语文写作教学有着很强的适用性，在加强这一教学思想的实践应用中，通过阅读引导、生活化的感悟和精细化教学思路来实现高质量的教学流程，推动学生主动学习的意识和习惯的养成。"所谓教师之主导作用，盖在善于引导启迪，使学生自奋其力，自致其知，非谓教师滔滔讲说，学生默默聆听。"唯有做到"少教"与"多学"的有机协调，才会有可能实现教学相长，才会把学科核心素养与高中语文写作教学有机结合，才会让高中语文写作教学郁郁葱葱、枝繁叶茂。

# 如画乡村

江口中学　杨欢英
指导教师　杨吉江

"一去二三里，烟村四五家。亭台六七座，八九十枝花。"丹青描绘出一个如画乡村，乡村如画。

如果说城市是堕入红尘的妖艳舞姬，那乡村就是隐世独立的朴素仙人。陶渊明的《桃花源记》，就是乡村生活的真实写照，那独特迷人的风情，只有亲身体会，才会为之向往。

## 其景季故引人流连

"方宅十余亩，草屋八九间。榆柳荫后檐，桃李罗堂前。"步入乡村，田间小路交错相通，屋舍俨然。屋旁绿柳婆娑，桃花纷飞，鸟语花香，勾勒出一幅幽情的田园风光图。在这里，没有城市的大厦林立，没有车水马龙，只有"绿遍山原白满川，子规声里雨如烟"的温情。

乡村的四季，无疑是一个万花筒。春天，杨柳拂腰，燕子南归，不由想到了"几处早莺争暖树，谁家新燕啄春泥"的热闹景象。桃之夭夭，灼灼其华，面对满树桃花，仿佛一位面若桃花、眉如青黛的女子伫立眼前。眸明齿皓、顾盼生情、粉面含春、心事浅浅，让人心里荡漾涟漪。几场春雨过后，春笋们势如破竹，都想见见这美丽的乡村世界，似乎连空气都被染绿了，带着泥土和绿萍的气息。夏天，夜晚纳凉，吃着盐煮花生，听着夏虫与蛙声合奏交响曲，安逸地入眠。月色洁白，漫步于羊肠小道，望着那一望无际的稻田，一切都在朦胧的月色中，不由吟道："独出前门望田野，月明荞麦花如雪。"秋天，果实累累，村落之间的果树都在相互卖弄，一片片金黄的稻田翻起一波又一波的浪潮，农民个个都带着丰收的喜悦，跃然于眼前的俨然一幅田园秋收图。冬天，白雪笼罩乡村，霜花封印了万物。枝头上、田埂上、屋檐上都结上了干净空灵的霜花。只有那烟囱上的缕缕白烟，才使乡村有了一点点活气。

春种夏耕秋收冬藏，这便是乡村人对四季的定义了吧。

## 其情感故惹人吟

自古以来，诵吟田园风光的诗人多得数不胜数。不仅是因为风光，更是因为村人的淳朴好客，宋代诗人陆游的《游山西村》中写道："莫笑农家腊酒浑，丰年留客足鸡豚。"由此可以看出农家的热情好客。

乡下人都有个小院子，在院子里养几只鸡，从他们的房前屋后走过，鸡是乡下人的"闹钟"，人们还在睡梦中时它们会准时地啼叫，那声音格外悦耳。在庭院处，有一大圈的篱笆，篱笆上的牵牛花，滴答滴答地吹起了小喇叭。院后的小地里种着一些家常菜，人们一天忙活过后，回到家里，在自家的小院里摘些新鲜的小菜，点上灯火，烧上饭菜，迎着满夜星空吃晚饭，闲聊一会，便回屋休息了。没有车来人往的喧闹，只有夜晚的宁静和清清的微风为伴，安然入眠。

这便是农家人，衣冠简朴的农家人。

## 其境悠故使人往

如果要问你是只想住在城市还是乡村，相信大多数人会选择城市。那里有想要的目标，理想的生活，等到你年过古稀时，你会越发思念那乡土人情，想在乡村安度自己的晚年。从中华上下五千年来看，想要归隐田园的诗人不计其数，如范成大、谢灵运、孟浩然、王维、陶渊明等，其中具有"田园诗人之祖，隐逸诗人之宗"的陶渊明最具有代表性，"少无适俗韵，性本爱丘山。"表现了他不同流合污的高尚情操，表明了他想要归隐田园之意，在乡村无车水马龙、无灯红酒绿，只有"暧暧远人村，依依墟里烟。狗吠深巷中，鸡鸣桑树颠"的宁静、淡雅、和谐生活。在这里，你能"开荒南野际"，也能"虚室有余闲"，还能"采菊东篱下，悠然见南山"。这大概便是生命的意义了吧！这大概也是人们为什么向往田园生活的原因了吧！这里远离硝烟战火，只有余闲恬静。

乡村风光，无论什么时候，无论什么季节，都是一道独特迷人的风景，让人留恋着、沉醉着。

寻一块清静地，啄一口清茶，愿与君共享着如画乡村。

# 怎样引导学生提高写作水平

贵州省江口中学　杨吉江

语文是高考的重中之重，作文又是语文的重中之重，作为语文教师，怎样引导学生提高写作水平？

引导学生学会审题，让学生揣摩命题者的意图是什么，然后根据命题者的意图展开写作，组织素材，构建大纲。如何准确揣摩命题者的意图呢？除了教师的引导外，关键还在于学生平时多看、多思、多积累。多读几遍素材，找出材料中的关键句，结合平时所积累的知识，总结材料主旨。

2019年全国高考Ⅱ卷，此则材料共五个写作角度，学生只需抓住其中一个角度进行分析写作即可。比如，第四个角度，"2019年4月30日，收看《纪念五四运动100周年大会》后的观后感。"以"五四运动"100周年为背景，以"青春中国凯歌前行，新时代青年奋勇接棒，宣誓'强国有我'。"为主题，交代了时间、背景以及观后感的主要内容。引导学生结合时代，如今我国正处于中国特色社会主义新时代，是一个承前启后，继往开来，为努力实现中华民族伟大复兴而奋斗的时代。不忘初心、牢记使命，是当前的主题教育，作为青年，应当自觉继承、发扬"五四精神"。

文章的层次结构是重点。文章的层次结构组织是否清晰，逻辑是否严密，都反映着作者的思路。文章的层次结构有哪些内容呢？开头和结尾、层次和段落、过渡、照应等。文章的开头和结尾又是重中之重，我们从开始教学生写作文起，就不断强调文章开头和结尾的重要性，学生却仍旧把握不到位，是什么原因呢？

个人愚见，各类型文章有不同"喜好"，像议论文，比起以抒情起笔来渲染气氛，它更喜欢简洁、准确、快速地进入主题。我们的课文《劝学》和《师说》，一开始就直接将中心论点摆出来，简洁明了，直奔主题。高考满分议论文《尊重差异》一文中，作者开篇点题，"如果没有差异，我们的世界，我们的生活会过得平淡无味；如果没有差异，我们的内心世界将会感到孤寂；如果没有差异，世界将停在原地，不会向前发展。"这句话运用排比的修辞手法，开门见山地表明观点。《共存相生，和而不同》引用《论语》中经典句子"君子和而不同，小人同而不和"开篇，摆出论点，使人一读便知文章主题。

抒情性散文和写景性散文之类，则引用诗歌开头和结尾或许更有诗意和文采。我的学生杨欢英此次参与"薰风杯"的作文《如画乡村》便在文章开头引用"一去二三里，烟村四五家。亭台六七座，八九十枝花。"这样的诗句，一开始就点题，描绘她笔下的如画乡村，美丽且富有诗意，通过渲染乡村宁静、平和、淡雅的气氛，来吸引阅读者探索她笔下乡村的兴趣。

文章结构当严谨，有了好的开头，那就一定要避开"凤头鸡尾、狗尾续貂"这样的尴尬。结尾部分或总结全文、揭示主题，或抒发情怀、含蓄隽永，或卒章显志、干净利落。刚才提到的《共存相生，和而不同》是这样结尾的："物各有志，人亦如此，世界亦然。共存相生，和而不同，方能'和实生物'。"由物及人，从人到世界发展，层层递进，最后总结全文，首尾呼应。杨欢英在《如画乡村》中采用并列结构，用小标题分项描绘乡村的四季美景，农家的热情好客，以及春种秋收。在描绘四季美景中又采用总分总的结构，文章结构完整，逻辑严密，使得她的文章能够脱颖而出。

文章的语言具有"加分"作用，它是反映作者文学素养的关键。在临场作文中，练字对学生的要求过高，对于积累量少的学生来说，这一点很难实现，因此我鼓励学生多用修辞。如在《如画乡村》这篇文章里，作者引用诗句开篇点题，又将乡村与城市做对比，更显得乡村温柔、宁静和淡雅。通篇多次引用诗句，巧用拟人、想象等修辞手法，将乡村早春的热闹、生机勃勃，夏天月色下的风情，秋天农民丰收的喜悦，冬天的寂静表现得十分有诗意。最后点出春种夏耕秋收冬藏才是乡村人的四季，将作品的主题升华，化平淡为生动，乡村人的四季，是辛勤劳动后的丰衣足食。

"积土成山，风雨兴焉；积水成渊，蛟龙生焉。"写好一篇作文，除了掌握写作方法和技巧之外，关键还需要学生多积累和运用。

# 故乡的路

松桃民族中学 田 政
指导教师 雷智波

新时代的阳光,照在几条小路身上,闪闪地向两边排列的玻璃橱窗,守着各家各户的希望,静静地躺在县城的边上……这里就是生我养我的地方——我的故乡。

从回忆中找路,故乡的路,上面布满了泥土色的记忆。浅色的泥路遭大雨淋漓了一遍又一遍,路中的洼地就是它受伤的印记。从村头看到村尾,眼里是淡然,心底却是心酸。几天过后,洼地中沉淀了一层混土,上面沾满了家乡独特的气息。

大大小小的碎石是被岁月浸泡过的珍珠,加上一层土色就装饰了乡间小路别有靓丽的风景。

你一定没见过,金色麦粒铺满一路的情景。当满载而归的人们,怀着愉悦轻松的心情路过这条路时,坑洼的地似乎成了阻挠他们的东西。每过一个坑,他们都会小心翼翼,怕一个不留神就打翻了一年的劳作。不过再小心总会有失足的时候。这不,我二叔家的麦粒就散了一地,填满了凹凸不平的洼地。远远望去,就像一条闪着金光的河。等过了几小时的挣扎,这才索性得救。好像谁家都有过几次这样的遭遇。他们只能一粒一粒地将麦粒拾起,放回篓里,然后再小心翼翼地胆战前行……

我家位于村路口以东。深蓝色的支架撑起了一座瓦房,刚好不偏不倚地靠在两户人家的后院墙边。瓦顶还留着风吹雨打和日光淋晒的痕迹,没被时间遗弃,反而变得更加清晰了。

新时代的改革开放，为中国做了一次蓄力的撑竿跳跃。这一跃，将中国跃出了贫困守旧，将中国跃向了全世界。

前几年，我记得村里来了一群修路的工人。他们有的面黄肌瘦，手里拿着工具铲；有的面黑高壮，走路的姿势像个"行走的发动机"；还有的则是开着一些我从没见过的大型车辆，勉强挤进那条凹凸不平的路。

又是一年正月，村里的人都纷纷在自家的窗前贴满了大红字。我再一次从村头眺望，在我的前方，一条红毯向我扑来，看不到尽头，两旁的风景华丽地展开，发出油彩一般的光。整个村子都换上了红装，被装饰得像一位即将出嫁的姑娘，她通红着脸，回眸一笑，幸福的祝福便落入了每家每户。

新时代的阳光，照在几条小路身上，闪闪地向两边排列的玻璃橱窗，守着各家各户的希望，静静地躺在县城的边上……这里就是最幸福的地方——我的故乡。

# 屈原教我学写作
## ——生活化下的高中作文教学，以《国殇》为例

松桃民族中学　雷智波

摘要：目前，高中语文中作文教学所占比重越来越大，要求也越来越高，作文教学已成为语文教学中的重要内容，对学生阅读素养的提升，写作水平的提高也成为教师与学生深感艰难的教学内容。新课程标准的出台，对学生的语文综合素养有了密切的关注，所以在新课程改革的过程中，对高中语文作文教学提出了更为严格的要求。因此，这就需要教师的引导、学生的训练，在日常的写作训练中贴近生活，联系现实，让学生写作更生活化，从而实现高中语文作文教学的创新，提高作文教学的效率，提升学生的写作能力。

关键词：高中语文　作文教学　生活化　实施方法

## 一、引言

高中生在语文学习上更多的是关注教材，关心时事，却很少关注现实生活。加之教师目标的不明确和方法的把握不当，导致学生作文常出现内容空洞、言之无物、情感失真的现象。走进社会，贴近生活，便成为在新课程改革背景下的呼声，高中作文教学地位的日益凸显，更需要教师在认知规律和方法的教导上，打开学生看世界的窗口，扩宽学生生活的道路，指导学生进行现实生活的观察和记录，将生活作为作文训练的主阵地，将生活作为作文教学的素材库，从而有效实施生活化的作文教学，提高学生的写作能力和语文学科素养。

## 二、在高中作文教学中与生活进行结合的重要意义

1. 有助于培养学生的观察和阅读能力

学生在高中阶段课程多、学业重，阅读已变得"奢侈"，而快节奏下的生活常态，更让学生少了留心观察生活的耐心，而多了囫囵吞枣的"自残"行为。因此，在高中作文教学中，教师将作文教学与学生的生活实际相结合，有效引导学生对自己周围的人或事进行细致的观察，做生活中的有心人，以此充实学生的写作素材库，改变学生言之无物、内容空洞的作文现象。

2. 有助于提升学生的写作能力

文学作品来源于生活，并高于生活。由此可见，现实生活就是文学创作的素材库和创作的灵感之源。学生在生活中学会了观察并如实记录，将自己的语文素养应用到现实生活的思考中，从而写出具有真情实感的优秀作文，体现语文学习的综合素养。因此，在高中作文教学中，培养学生"我手写我心"的写作能力是最为重要的教学目标。学生在写作中能与现实结合，真实记录自己的亲身经历和日常生活中的所见所闻、所思所想，达到提高写作能力的目标。

3. 有助于塑造学生健全的人格

新时代的中学生，是祖国的未来，民族的希望，学生在教师的指引下，能关注社会，关照内心，了解人间疾苦，明白人生幸福所在，便可在写作中呈现出现实的意义和艺术的再创造。教师在高中作文教学中，将作文教学与现实生活有效结合，加深学生对社会生活的直观感受，进而逐渐强化学生人格的主体化、人性的健全化，并在作文的过程中将作文与做人进行有机的结合，实现学生健全人格的塑造。

## 三、生活化视角下，高中语文作文教学的实施策略

1. 直赋其事的魅力无限

雷诺兹说道："屋中有画，等于悬挂了一种思想。"我常在作文教学中

说道:"言之有物,真实表达一种情感。"我在作文教学中注重引导学生寻找生活中的写作素材,学习完屈原的《国殇》,我让学生用直白的语言表达对屈原的生活感受,并拿本篇与屈原的其他作品相比较,引导学生得出结论:此篇不以想象奇特、辞采瑰丽见长,而是"通篇直赋其事"(戴震《屈原赋注》),挟深挚炽烈的情感,以促迫的节奏、开张扬厉的抒写,传达了与所反映的人事相一致的凛然亢直之美,一种阳刚之美,在楚辞体作品中独树一帜。进而指导学生将生活中观察到的画面用朴实无华、不加修饰的语言呈现出来,用真言真语说出真实感受。于是我在课后作文训练中布置了一道题目:《故乡的路》。学生通过观察和记录,积累了路的雏形,形成路的外延扩展,提炼出路的实质内涵,有一位学生这样写道:"守着各家各户的希望,静静地躺在县城的边上……这里就是生我养我的地方——我的故乡。"学生先写故乡,再写路。他写道:"故乡的路,上面布满了泥土色的记忆。浅色的泥路遭大雨淋漓了一遍又一遍,路中的洼地就是它受伤的印记。从村头看到村尾,眼里是淡然,心底却是心酸。几天过后,洼地中沉淀了一层混土,上面沾满了家乡独特的气息。"言到深处不由衷,情到深处人孤独,将语言直接写出,将事件理性写明,作文的美丽如画,作文的魅力无限尽在其中。

2. 叙赞结合的表达真言

惠特曼说道:"艺术之艺术,辞藻之神采,以及文学之光华皆寓于纯朴之中。"而纯朴的语言正是学生个性化意识的自然流露,学生作文的"千文一面""千篇一律"现象的出现不是语言的干瘪,而是思维的固化,看山是山,看水是水。学习完屈原的《国殇》,学生明白了写生活画面需要高超的水平和能力。同样我给学生布置作文题目:《故乡的路》,并对故乡的路进行赞美。一位学生写道:"大大小小的碎石是被岁月浸泡过的珍珠,加上一层土色就装饰了乡间小路别有靓丽的风景。"叙写路是常态,赞美路是姿态,学生继续写道:"我再一次从村头眺望,在我的前方,一条红毯向我扑来,看不到尽头,两旁的风景华丽地展开,发出油彩一般的光。整个村子都换上了红装,被装饰得像一位即将出嫁的姑娘,她通红着脸,回眸一笑,幸福的祝福便落入了每家每户。"学生有了个性化的语言思维表达,并诉诸笔端，撰写出个性鲜明、自我意识较强的优秀作文。

3. 惊心动魄的描写场面

《国殇》一文，从内容上看，第一部仅短短十句，就记叙了楚军与敌军短兵相接，壮烈牺牲的完整过程，为我们再现了当时残酷的战争景象；通过惊心动魄的场面描写塑造了楚军将士视死如归、英勇无畏的形象，表达了诗歌的主旨。从写法上看，作品把概括叙述与具体描写相结合，把动态描写和静止画面相结合，把明写楚军英勇和暗写敌人凶猛相结合，互相补充，展现了战斗场面的惨烈。作品还运用了夸张、比喻的修辞手法渲染战斗气氛，增强了表达效果。学习场面的描写让学生将生活中的积累付诸实践，于是我在课后布置作文练笔：描写一段故乡路上发生的真人真事。一位学生写道："你一定没见过，金色麦粒铺满一路的情景。当满载而归的人们，怀着愉悦轻松的心情路过这条路时，坑洼的地似乎成了阻挠他们的东西。每过一个坑，他们都会小心翼翼，怕一个不留神就打翻了一年的劳作。"接着写道："前几年，我记得村里来了一群修路的工人。他们有的面黄肌瘦，手里拿着工具铲；有的面黑高壮，走路的姿势像个'行走的发动机'；还有的则是开着一些我从没见过的大型车辆，勉强挤进那条凹凸不平的路。"学生将故乡路的"原生态"展现，坑洼不平的碾压过，小心翼翼地守护过，在岁月的沉淀中，工人们铺出崭新的"幸福路"。可以看出，学生对生活中的场面描写有了自己独特的感知和构建。

4. 深挚炽烈的抒发情感

门德尔松说过："在真正的音乐中，充满了一千种心灵的感受，比言辞更好得多。"这种感受不正是我们在作文教学中说的情感吗？有了真情实感怎能不打动人心？"春雷挟雨惊天地，铁甲浴血泣苍生。"这是《国殇》里战士的英勇无畏，更是保家卫国的爱国情深。这是一批英勇无畏的战士，激烈的场面震撼着我们视听的同时，那股爱国热情涤荡于我们心田。这是一首血泪交织的赞歌，从古至今流传的祭文、挽歌何止千万，但写得如此激动人心、鼓舞斗志的绝无仅有。这唯一的《国殇》纵然穿越了漫长的千年，依然洋溢着充沛的力量与壮美的情感。这浓烈的爱国精神一直光照现实，成为中华民族永恒的精神支柱。学完此文，我让学生联系生活中故乡的路，表达对故乡深沉的爱。一位学生写道："从村头看到村尾，眼里是淡然，心底却是心酸。几天过后，洼地中沉淀了一层混土，上面沾满了家乡独特的气息。"这是期待，更是期许。进而写道："整个村子都换上了红装，被装饰得像一位即将出嫁的姑娘，她通红着脸，回眸一笑，幸福的祝福便落入了每家每户。"这是感动，更是感恩。结尾处写道："新时代的阳光，照在几条小路身上，闪闪地向两边排列的玻璃橱窗，守着各家各户的希望，静静地躺在县城的边上……这里就是最幸福的地方——我的故乡。""幸福"一词的出现，学生情感在热爱中激励，在奋发中有为。

**四、结语**

惠特曼认为："最好的诗就是具有最完美的东西。"《国殇》完美地诠释了诗歌的魅力，诗歌以细腻的笔触、真挚的情感和浓郁的气氛诠释了语言之神采，行文之壮美，激起了人们的爱国热忱和无限想象画面。总之，作文教学在于生活，且高于生活，在高中作文教学中生活化融合是创新，也是挑战。学生观察和阅读能力的提高，写作能力的提升，写作素材的积累，以及作文教学与现实生活桥梁的搭建，都将是学生今后的写作之路的重要基石。因此，这就需要教师进行精心的设计，通过培养学生个性化意识和进行实践训练来有效地提高高中语文作文教学的效率和学生的写作能力。

## 瑶寨风韵，馨香满天

贵州省江口中学　姚　霆<br>指导教师　贝丝朵

　　远离城市喧嚣的深山瑶寨，是我的家乡，古朴中透着一份典雅。

　　清晨，美丽的晨曦徐徐拉开了帷幕，带着清新降临在美丽的山村上。在渐渐明亮的天色下，一抹阳光已经悄然降临在寨子上空。耳畔传来鸟儿清脆的啼叫，婉转悠扬，回响在树林的枝叶中。不时蹿出的一两只飞鸟如箭一般飞向天空。

　　闲来无事，我披上衣服，走出门。行走在青石板的街道上，扑来的是阵阵的山风和淙淙的流水。漫步走到古井旁，看到年魁大哥坐在家门前，一副悠闲自在的神情。相互道了声早安后，开始攀谈起来。年魁大哥说起，他每天早上都会早早醒来，不管有事无事都会到家门口，搬张椅子坐下，就那么静静地欣赏着山村的清晨。

　　而古井旁，早已聚集着一群洗衣服的乡民。寨子里的人，都习惯早起，凌晨5点多天色微明的时候，路上已经响起窸窸窣窣的脚步声。在家里架好锅，熬上粥后，就陆续来到了古井旁。尽管很多人的家里已经有了洗衣机，可淳朴的乡民仍是认为只有古井的清水浸润过的衣服，才能真正淘洗干净。

　　绕过古井，来到了风雨凉亭处。这座历史已经无法考证的地标建筑，在清晨的阳光映照下，显得如此的安稳。此时犹如一杯陈年的佳酿，越发飘逸出历史的清香。走入亭中，一幅幅书法映入眼帘，遒劲有力，飘逸挥洒。俊秀的小楷，一笔笔勾勒在青砖黛瓦间。而漫灭的字迹，更是透露出历史的幽远和文化的内涵。

再看向旁边，凉亭周围已经支起了肉摊，许多乡民的身影围拢在那里。以前的乡民家庭贫困，一年下来难得吃上一口肉。自从国家实行精准扶贫以来，乡民们的生活有了很大的改善，吃肉成了乡民们的家常便饭，所以乡民们每天早上就会乐呵呵地来买上一份新鲜的肉，而早上的肉自然是极好的。买好了肉，乡民们就回到家中，带上劳具，开始了一天忙碌的生活。而孩子们可以跟随着自己的父母，快乐地游荡在田野中。瑶寨的田野，谈不上是多美的地方，却处处充满了丰收的喜悦。孩子们可以奔跑在遍布山野的稻花香里，与其说是奔跑在田野中，不如说他们奔跑在希望的田野上。也许，这就是它的魅力所在吧，收获中透露出希望，希望里迎来了丰年。

袅袅的炊烟，燃起了归家的信号。而落日的余晖，也给山寨抹上了一层淡淡的苍黄色。远处层层叠叠的稻浪，依旧绵延着向天边走去。只是此时的黄昏，映照出的是农人背箩筐归来的背影。走在寨中的街巷，到处弥漫着竹筒饭的清香。时时映入眼帘的火熏腊肉，更是透露出历史的风味。沐浴着晚晴的凉风，吃着香喷喷的米饭，劳动的喜悦挂在乡民们的脸上。

夜深人静，一个人独处，可以深切体会到万籁俱寂的感觉。而远处传来的蛙鸣声，更衬托了村寨的清幽。如今的人，身处高楼，被世间的纷扰所缠绕，哪里能理解这种仰望苍穹，面向月光寻找光明的美好感受。在这里，我们可以让自己浮躁的那颗心，毫无遮掩地走出来，尽情沐浴一下月光的清辉，让它温柔地抚慰自己曾经撕裂的伤口，在月光中找到生活的温馨和生命的信念，从而给予自己生活下去的希望和勇气。

这就是我的家乡——美丽的乡村瑶寨，一个飘满古朴馨香的村寨。我一脸的自豪——它是我心中的白月光，更是我守候在深山里的第一缕阳光。

薰风集 >>>

# 山水有佳处

贵州省江口中学　杨景慧
指导教师　贝丝朵

如今，乡村开始发展生态旅游，幽远静美的自然环境逐渐为外人所知。然而真正谈及乡村的美，多数人只能简单地谈及，什么荒野的枯藤、村旁的古树，或者是夕阳下的昏鸦，而最能触动我内心的，却是乡村里常年屹立不倒的山峰。

我的家乡坐落在一个不为人知的小山村里，那里群山环绕。座座巍峨高山在"天圆地方"中拔地而起，或高大险峻，或灌木丛生，或神秘未知……以前由于生活水平落后，祖祖辈辈们都只能在山底下，最多也就是在山腰中探及山间的奥秘，再往上了解的人就比较少了。可如今，国家大举发展经济，精准扶贫精确到家，我的家乡有了巨大的变化，人们生活水平有了极大的提高，家家通路到家，家家都有电视。在政府的带领下，村民们有了个大胆的想法，就是大力开展乡村生态旅游，家乡美丽的山自然就成了村民们青睐的对象。一天一天，一日一日，终于，在村民们千辛万苦之下，一条通向山顶的山路就这样产生了，勤劳的村民们还响应国家自主脱贫的号召，在山上种起了百香果，劳动的喜悦在村民之间荡漾。

闲来无事，我和小伙伴们来到了山脚下，想探一探家乡改变后的风貌。站在山脚下，望着巍峨雄伟的高山，一条蜿蜒的小路绵延着伸向天边。路旁不知名的野花，此刻正迎着朝阳在盛放，给一片绿色的海洋点缀了一朵朵红色的浪花。而山上的百香果，攀缘的藤蔓下坠着一颗颗青绿色的果实，饱满圆润似明珠穿梭其中，刺激着我的眼眶，诱惑着我的味蕾。我的内心涌上了一股莫名的感觉，我想向上攀登，不仅是像杜甫一样去领略"一览众山小"的豪情，更是像村民一样享受胜利的果实。于是，我紧了紧背上的行装，拍了拍树梢上的枝叶，向着山顶进军。

到半腰位置，原本晴空万里的天空瞬间乌云密布，黑压压的，让人感觉喘不过气来，大有"山雨欲来风满楼"的感觉。担心下雨，所以我到处寻找栖身躲雨之处，忽然，看到前方有一指路标，上面赫然写着"生态旅游洞由此去"，原来，政府带领村民还开发了大自然神秘的山洞。带着好奇，我走进了山洞，那个洞如同一条蜿蜒盘旋的巨龙，洞内的景色更是千奇百怪，里面的钟乳石千姿百态，但又形态逼真，栩栩如生。洞内灯光不是很亮，这些景色在灯光的照耀下，显得异常的美丽，让人仿佛置身梦境一般。以前我的家乡通电都很困难，现在居然在山上也能通电了，这不得不让人惊叹家乡的变化之大。

站在山顶，"一览众山小"的感觉让我格外自豪。山顶的景色格外优美，站在最顶端，俯视江山，座座巍峨高山尽收眼底。水从山涧静静地向山脚淌去，像一条条白丝带卧于山间，大片碧绿仿佛是一条毯子盖在大地母亲的身上，鹰在蓝空中翱翔，仿佛是天地间的霸主，唯它独尊。我很庆幸自己能攀上最高峰，和村民们一起享受丰收的喜悦。是啊，如果没有国家大力支持，没有开发道路到山顶，有多少人能真正领略到山顶的美景呢，我们就是沐浴在祖国阳光下的幸福之人。这时，鼻尖飘过一阵浓郁的幽香。"啊，那是百香果的味道！"得到守林人的许可，我随手拿过一个，用手掰开后，倒提着对着嘴用手一捏，就迸出了一股清甜甘洌的果汁，确实比一般的果实要鲜美得多。香甜的果汁，散发在空气中，马上就引来了隐藏在草丛中的地龙蜂。地龙蜂虽有毒性，但颇具药用价值，而它所酿的蜜，尤其具有价值。村里的人可以依靠它们改善生活，乡村也可以靠它们脱贫致富。看着辛勤劳动的地龙蜂，心胸为之一振，生活中的烦累之感，似乎也一扫而空了。

是的，登山远望，目光所至的一草一木皆为收获，收获中透露出希望，希望里迎来了丰年。

# "少教多学"促"写作放飞"
## ——以美文为案例谈谈以读促写的途径

贵州省江口中学 贝丝朵

摘要：本文围绕作文教学中"少教多学"的思考，锁定作文教学的主要渠道——阅读与写作进行阐述。读写结合是语文行之有效的教学方法，也是语文重要的教学原则之一。实现读写结合的方式是多样的，有以读促写、以写促读、读写反复等。今天我将着重谈谈如何在课堂中实现以读促写，也就是说在读懂一篇文章的基础上，如何引导学生获得更多的写作知识和提升写作能力，以促进写作。其中的方法主要从优美的词、句和典型的段落入手，采用模仿和创造的方法，来实现由读到写，从根本上做到"少教多学"，使学生的作文有"源头活水"的效果。

关键词：少教多学　以读促写　途径　模仿和创造

《高中语文新课程标准》明确指出："在作文教学中，要引导学生把从阅读中学到的基本功，运用到自己的作文中去；语文教学的过程，是学生听说读写不断实践的过程，是学生在语文实践中受到熏陶感染的过程。"这告诉我们在教学中不仅要引导学生对文章的语言进行加工和整合，还要在学生充分感知文本的基础上，抓住阅读要领，真正做到"少教多学，以读促写，以写促读"，从而在阅读教学中提升学生的阅读鉴赏能力和写作能力。

### 一、学生读写现状分析

读与写是语文教学的两方面，它们是相辅相成又相互促进的，其中读是写的基础，写是读的加深和提高，所以要实现读写结合，首先要引导学生热爱读写及懂得怎样读和写，但我在教学中发现学生课内外的读写现状令人担忧，有以下表现。

（一）学生阅读的现状

读是写的关键，学生写作糟糕的现状其实与他们的阅读和老师的阅读教学是分不开的。从学生自身角度来看，他们在个人阅读上主要存在阅读兴趣不浓，时间少，读书只是盲目地读，不懂得把读与写结合起来等问题；从老师的教学角度来看，老师在教学上侧重内容分析，缺乏引导学生去阅读，去感悟，去写作，因而导致学生学了很多优美的文章，读懂了很多深刻的道理，知道了很多问题的答案，但依然不会写作。

（二）学生写作的现状

目前，从我所接触的部分学生中，发现他们的作文情况令人担忧。从书写结构、内容方面等暴露出许多问题，如书写潦草凌乱、内容空洞、知识面狭窄、写作材料胡编乱造、不贴近实际生活、读起来缺乏真情实感等，这些现象的存在是与他们课外阅读量密不可分的。但作为高中生，专门抽出大量的时间去阅读，那是不可能的，所以只能从阅读教学上找方法，课文以及其他课外的美文就是例子。教材中的文章都是经过千挑万选的精品，而一些课外的美文也是一些名家的精髓。我们如果充分利用这些文章，来进行充分的读写结合的训练，指导学生认真阅读，促使学生领悟其中的写作方法和技巧，是不是也会在很大程度上提高学生的作文水平呢？

综上所述，无论是从读写结合本身的意义上看，还是从学生的阅读和老师的阅读教学现状上看，我们都应该大力加强读写结合的训练，指导学生懂得如何鉴赏文章。值得一提的是，在教学过程中，老师不能面面俱到，所以"少教多学"的重要性就体现得淋漓尽致了。

## 二、如何做到"少教多学"，真正做到"由读到写"

实现读写结合的方式是多样的，它包括从读到写、从写到读、读写反复等。今天我们的"会诊"主要解决从读到写的问题，就是通过阅读一篇文章，在读懂文本的基础上，引导学生获得更多的写作知识，以促进写作，关键是方法指导，这是实现读写结合的关键。既根据教材特点，精心选择读写结合点，又给学生提供有效借鉴的对象和创造的依据，及时有效地进行模仿和创造性练笔。在这里，结合我们现有的实际、共性问题，重点从以下四方面入手。

（一）从优美的词、句入手

我们在阅读教学中，往往会对课文中的重点词、句进行精心品味，这种品味不仅要让学生读通读透，更应指导学生在读的基础上，悟出写法，领会意图，进而学会运用，不断丰富、积累词汇量及修辞手法。如教学《荷塘月色》一文中的"月光如流水一般，静静地泻在这一片叶子和花上"一句时，可以设计这样几个问题，这句话是怎样描述月光的，换成"照"和"落"好不好？学生讨论之后，明确了仅用一个"泻"字，就写出了月光流动的情态，化静为动，有一种自上而下的流动感和立体感。在学生反复朗读中充分理解这一切后，再提出要求，你能运用这种练字的手法描述一种事物吗？让学生进行小练笔。

**学生写作范例：**

"路旁不知名的野花，此刻正迎着朝阳在盛放，给一片绿色的海洋点缀了一朵朵红色的浪花。而山上的百香果，攀缘的藤蔓下坠着一颗颗青绿色的果实，饱满圆润似明珠穿梭其中，刺激着我的眼眶，诱惑着我的味蕾。我的内心涌上了一股莫名的感觉，我想向上攀登，不仅是像杜甫一样去领略'一览众山小'的豪情，更是像村民一样享受胜利的果实。"——高一（1）班杨景慧《山水有佳处》

"点缀"一词，让读者充满想象，眼前呈现出一片绿色的海洋，野花竞相开放的情景。"坠着""饱满圆润似明珠""诱惑"等字眼写出了百香果成熟诱人的景象，充满着丰收的喜悦，写出了乡村靠自主创业脱贫的巨大变化。

教学中，要让学生养成斟词酌句的习惯，逐渐形成自己的风格，所以，在教学中，我有意识地培养学生这方面的能力，从而达到"少教多学"的目的。

（二）从典型的段落入手

美文中有很多段落是非常富有特点的，教学中我们应该引领学生充分体会，为我所用。如《我的空中楼阁》课文第五段对山上的树和花的描写。作者运用比喻和拟人的修辞手法，"清健或挺拔"写出了树的阳刚之气，而"苗条和婀娜"则写出树的多姿和阴柔之气，在这里，树的多姿多态，树的精神活力，反衬出小屋的灵气和活力。所以这是一段很优美的文段，为此在读懂段落的蕴含后，我设计了仿写练习。

**学生写作范例一：**

"山是美丽的，水的美丽也不亚于山。山好比人的外形，水好比人的气质。水的美在于气质的温婉，或轻柔或奔放，在于性情，在于生气！"——高一（4）班姚霆

《荷塘月色》中在描写月下荷塘的景色时，有这样的句子"叶子出水很高，像亭亭的舞女的裙。层层的叶子中间，零星地点缀着些白花，有袅娜地开着的，有羞涩地打着朵儿的；正如一粒粒的明珠，又如碧天里的星星，又如刚出浴的美人。"用比喻的修辞手法形象生动地写出了荷叶的舒展美，同时用比喻、拟人的修辞手法写出了月色下荷花的婀娜多姿的形态美。

**学生写作范例二：**

"水从山间静静地向山脚淌去，像一条条白丝带卧于山间，大片碧绿仿佛是一条毯子盖在大地母亲的身上，鹰在蓝空中翱翔，仿佛是天地间的霸主，为它独尊。"——高一（1）班杨景慧《山水有佳处》

作文材料的语段也要合理设置，如在行文中应注意何处该轻描淡写，

何处该浓墨重彩，何处用修辞手法，何处以排比增势等，在文段中都要领悟在心，把美妙的语言挥之于手，从而实现"少教多学"的教学理念。

（三）从全篇入手

通过阅读，能够引导学生抓住作者的思路，学会谋篇布局体现在模式上，通常我们可以引导学生在读懂全文后，老师看一看文章写得好在哪里，文章在表达上有哪些特色，以及哪些方面你在写作文时可以用到；文章在哪些地方写得不够好，还有什么问题。总之，就是围绕课文在谋篇布局方面进行细细品味，品出滋味来，品出方法来。待学生品到以后，还应该在此基础上，引导学生再深入地感受一下这样写的好处，这样的问题究竟怎么解决等，进一步强化写法，不能走马观花。如《荷塘月色》一文中，作者采用明暗线交叉的结构，在描写作者游玩踪迹时，其实也是在描写作者内心的情感，最后达到情景交融的意境，所以通过这点可以引导学生在作文上学会谋篇布局，学会情景交融的办法，这样他们在以后的作文中就有路可循了。而此次获奖的两位学生就是充分学习了《荷塘月色》的谋篇布局，让文章增色不少。

（四）从读后感入手

在学生读懂全文后，老师可以随机提问：学了这篇课文，你读懂了什么？你想到了什么人或什么事？你能不能把你想到的内容与课文联系起来，写一篇读后感。教学完一篇课文，在老师的有效指导下试着让学生写写读后感，对提高学生的阅读理解和分析认识能力以及作文水平都有很大的帮助。我们可以根据"初读感知—精读探究—写法品评—延伸拓展"的模式来指导学生阅读和写作，在阅读前老师可以从题材选取、体裁安排、谋篇布局等方面提出问题，让学生带着问题去阅读，引导他们对问题做出点评，来达到以读促写的效果。

比如，在学习完《我的空中楼阁》一文以后，让学生谈谈空中楼阁究竟美在何处，如果现实中让自己设计一套自己喜爱的屋子，又该怎样设计，所以，这就可以用刚学过的知识描述一下自己心目中的空中楼阁。而《故都的秋》中"南国之秋，当然是也有它的特异的地方的，比如，廿四桥的明月,钱塘江的秋潮,普陀山的凉雾,荔枝湾的残荷等,可是色彩不浓,回味不永。比起北国的秋来,正像是黄酒之与白干,稀饭之与馍馍,鲈鱼之与大蟹,黄犬之与骆驼。秋天,这北国的秋天,若留得住的话,我愿把寿命的三分之二折去,换得一个三分之一的零头。——一九三四年八月在北平"联系时代背景就不难理解作者对祖国的热爱,那么我们就可以引导学生结合时代背景谈自己的感悟,从而增加学生写作素材,提升学生写作能力。

**学生写作范例:**

"如今的岁月静好,不过是有人在负重前行。作为国之少年,理应学习这些平凡而伟大之人的懿德与担当。梁启超先生在《少年中国说》里对我们青少年寄予了厚望,'少年智则国智,少年富则国富,少年强则国强',我们要牢记古人'苟利国家生死以,岂因祸福避趋之'的警世名言,在国家危难之际,我们要竭尽所能为我们的国家、我们的人民做出自己的贡献;在国家和平之时,我们要热爱生命、热爱生活,活出新时代新青年的风采。"——高一(1)班 李媛媛

### 三、结语

本文论述了《高中语文新课程标准》对学生读写结合的要求,以及现在学生读写的现状,然后针对怎样提高读写能力,我着重从怎样实现以读促写来谈,且主要是从重点字词、段落、读后感等方面,结合了《荷塘月色》《我的空中楼阁》等案例来谈的,即在鉴赏文本的基础上,怎样引导学生去感悟和创作。

# 那阵风吹过乡村

玉屏民族中学　吴子静

指导教师　姚源星

倘若你问我，乡村是什么？我想大抵是每一次提起"乡村"这两字时，就在心里泛起的一种温柔的波浪，眼里涌起的一片晶莹的泪花，血管里奔腾的一股不息的热血……

已记不清是哪一个盛夏的上午，妈妈拉着我去集市，从生活用品到零食肉酥，大买特买，嘴里还不停地问我，是否齐全？够用吗？

外婆住在乡下，被层层青山包围的乡村，交通不发达，很少有车辆愿意驶入，也就是在那一天，妈妈带着我，我们提着大包小包，在路旁等车去乡下外婆家，转车多次后，才最终到达目的地。由于山路太过崎岖，我坐在车上，肚子难受，胸中翻涌，妈妈似乎已习惯这样的不适，抬手抚摸我的头，柔声道："坚持一下吧，我们很快就到了！"

一下车，就看到村庄四周被蓊郁的树环绕着，小狗闻到汽笛声狂吠而来，外婆与舅舅依偎站在院落中，笑语盈盈。我与妈妈迈过门槛，进入这不知岁数几何的木屋之中，一阵阵黑烟向我袭来，熏得我眼泪直流。许是第一次体验乡村生活，我东跑西跑，四处张望，映入眼帘的是有些破旧的木屋，是"力尽不知热"的农家人，是长势不够良好的庄稼，我开始明白妈妈大采购的原因，是给外婆买一些乡下难以买到的食品。

那时候的乡貌是什么样？是庄稼人辛苦洒汗的田间，是贫瘠的土地里长势不良的稻穗，是大山环绕的闭塞，是贫穷，是落后。

后来，国家开展乡村脱贫攻坚工作，这阵风也拂过了我的家乡。

待我们再次去外婆家时，乘车已不是前次那样的难受，水泥硬化的公路一直通到外婆家的村里，外婆正在院子里那棵槐树底下为出门劳作的舅舅纳鞋底，我总觉得她纳的鞋底上沾满了槐花的香味，令人心安。现在村民们都用政府赞助的机械在犁田耕地，十分方便！还有新的稻苗长势良好……正是我面前这位在乡间活了大半辈子的老人，笑盈盈地用最朴实的言语给我描述了国家对乡村的帮助，表达了庄稼人对党的美好政策的质朴的感谢。

现倘若你再问我乡貌是什么？是改革的风吹过掀起金黄的稻浪，是满山翠绿的林果，是村民们满面的春风，是村民们怀揣创造美好未来的信心。

在脱贫攻坚政策的关照下，那个村落发了巨大变化，村民们开始修建美丽的小洋楼，虽然不高，但遂了村民们一辈子追求的心愿。

我起初还担心木屋会被无情地拆掉，可当我涉足这焕然一新的山村，走上平坦的水泥路时，却还能望见许多令人心安的木屋，那是岁月的积淀啊！如今老木屋与新楼房交相辉映，政府说，木屋是村子的文化，是外出游子的乡愁，得留。现代元素逐步向乡村迈进，却也无比轻柔，不扰乡间宁静祥和的梦。小河还清澈如昨，我也还能与小伙伴坐在田埂上望着天空，钓一池晶莹剔透的繁星。

乡貌是什么？是在变得更好，更便捷利民之后，仍有被两岸青山夹裹着的小河，在烈日下水如晴空，晴空如水；是窗外的发展声势雄赳赳，却仍不扰村民的梦；是冬日里屋檐落下的雪，万籁俱寂，独惊醒了睡梦中的小狗。

现在那个贫瘠的山村利用美丽的山水资源，发展了乡村旅游，办起了农家乐，也有城市中的一些现代化设施和设备，如无线网络、电脑、冰箱、小汽车等。村民们很乐意将自己乡村的美好生活展示给曾经为乡村建设而付出辛劳汗水的人们。

我跑向正在为推广乡间旅游业而忙碌的舅舅，好奇地问他："舅舅，这里还会变得更好吗？"我看见他嘴角春风和暖的笑容，他说："会的，因为长征永远在路上。"

# 作文写作中的诗意美

玉屏民族中学教师　姚源星

一篇优秀的作文，要想吸引读者的注意，敲动读者的心灵，留下绕梁三日的余音，就要有富有诗意的语言。诗意是"杂花生树，草长莺飞"的春意盎然；诗意是"春水碧如天，画船听雨眠"的闲适恬静；诗意是"沉舟侧畔千帆过，病树前头万木春"的乐观自信……文章富有诗意，就像一杯香茗，久久弥香；就像一曲雅乐，荡涤心灵的忧伤；就像一抹云霞，带人飘向诗的远方。

学生作文的语言和内涵要想富有诗意，在于开阔眼界，积累知识和素材，勤于笔耕，锤炼写作的思维和语言，方可妙笔生花，诗意芬芳。

## 一、留意生活，诗意自生

我们都知道"生活不是缺少美，而是缺少善于发现美的眼睛"，生活中处处都蕴藏着美，要善于指导学生练就一双发现美的眼睛，去领略世间千姿百态，阅人间芳华，激起写作情感的浪花，扬起诗意的风帆，寻觅佳词丽句，描绘多彩的人生。

鲁迅说过："如果要创作，第一要观察。"可见，指导学生去观察我们生活的世界，并发现无处不在的美，对提高学生的写作水平是至关重要的。写作源于现实生活，但又高于现实生活，所以必须仔细观察生活中的细节问题，抒发自己内心的真实感受。一花一世界，一树一菩提。清代袁牧正是因为善于观察、留意细微处，才写出"苔花如米小，也学牡丹开"这样的佳句。因此，教师教学中要引导学生深入自然、生活，让学生要像猎人一样，用眼睛去搜寻、去发现，只要处处留心，就能随时发现精彩的瞬间。比如，在深秋的一个暖阳天，我坐在校园花圃旁的凳子上晒太阳，突然，看到一只小蝴蝶，只有一个拇指那么大，在零星的几朵小花间快乐地翻飞，于是我写出了两句话"花儿之所以美丽，是有蝴蝶的翩飞；蜜蜂之所以勤劳，是每天收获甜蜜"。上课时，我将自己即兴灵感所得的这两句话念给了学生听，并借此鼓励学生去观察生活，感悟生活。再比如，在一个初春的早上，我在校园漫步时，看到校园里的几朵梅花在静静绽放，于是写下了一首小诗《咏梅》："好花无绿叶，自有傲人姿。粉面去雕饰，暗香引遐思。无须蝶翩舞，不管蜂来迟。寂寂自生辉，窥者不由痴。"并将这首小诗与学生分享，以此引导学生学会观察，将自己的所观所感付诸笔端，天长日久，必将文思泉涌，文采斐然。

**二、厚积薄发，方可文采斐然**

"积土成山，风雨兴焉；积水成渊，蛟龙生焉；积善成德，而神明自得，圣心备焉。"作文写作的前提在于积累，不积累，巧妇也难为无米之炊。作文教学中，教师要让学生认识到写作需要逐渐积累，坚持不懈的重要性，明白"问渠那得清如许，为有源头活水来"的道理，引起对阅读的重视，平时养成好读书、多读书、读好书的习惯，只有厚积，方可薄发。积累的途径是多样的，首先，强化阅读，拓宽学生视野。"读万卷书，行万里路"。因此，教师要抓住语文阅读课引导学生积累素材，在阅读中，要多记忆一些语言清新，文辞优美的句子，也要多背诵一些唐诗宋词，在写作时，将所背诵的优美词句和古诗句巧用到写作中，让文章的语言清新怡然，光彩熠熠。

如高考优秀作文，用古诗词的佳句作为分论点，生动形象，诗意十足。如一名考生的作文《快走踏清秋——我看高考》一文中的分论点是："（分论点一）高考，是踏遍青山人未老，风景这边独好；（分论点二）高考，是今日长缨在手，明朝缚住苍龙；（分论点三）高考，是孩儿立志出乡关，学不成名誓不还。"还有一名考生的作文《高考三境——我的高考》一文中的分论点是:"(分论点一)'昨夜西风凋碧树,独上高楼,望尽天涯路,此乃第一境界也';(分论点二)'衣带渐宽终不悔,为伊消得人憔悴',此乃第二境界也;(分论点三)'蓦然回首,那人却在灯火阑珊处',此乃第三境界也。"这些优秀的高考作文,考生如果平时不注重积累,如何能熟练巧妙地运用。

所以,要让学生认识到平时只有多积累富有哲理的优美的诗词佳句,才能让文章言之有物、言之有形、言之有意、言之动情。我在训练学生以"感恩"为话题的作文时,一位学生的分论点是:"(分论点一)感恩是'谁言寸草心,报得三春晖'的孝情;(分论点二)感恩是'三顾频烦天下计,两朝开济老臣心'的钟情;(分论点三)感恩是'桃花潭水深千尺,不及汪伦送我情'的友情。"

### 三、教师以身示范,做好表率

"教育意味着一棵树摇动另一棵树,一朵云推动另一朵云。"教师在作文教学中除了指导学生写作以外,还要要求自己勤动笔,提升自己的语言魅力。将自己的作品时时与学生分享,学生也会渐渐富有诗意,也会尝试着去写作。这是我写的散文《乡愁》中的一段:"现实的人生,总是负重前行,虚无的幻想,总是高入云端。生活的重担,只有勇敢地用双肩担起,咬紧牙关,举步向前,一刻也不能卸下。上有老,下有小,家有妻,谁都不许你停下脚步,放下担子,去流连不属于你的风景。再苦再累,也只有将那份乡愁揣进行囊,孤独前行。"我的散文《无声的岁月》中的一段:"岁月的河流缓缓前行,不因留恋而骤停,在有限的生命旅程,我们应驾着生命之舟,扬起激情的风帆,尽情地去享受沿岸的风景,绘出五彩斑斓的四季,留下如诗的作品。愿岁月一切静好。"我将我的作品与学生分享,总会收到热烈的掌声。

总之,让学生的作文写作富有诗意,是一项长期且艰巨的任务。在今后的教学工作中,我们教师只有坚持不懈地进行改革与探索,不断总结经验和教训,有针对性地制订教学计划,创新教学方法,激发学生的作文热情,帮助学生积累作文素材,才能逐渐提高学生的作文能力,写作教学这块天地里也才能生长出一棵棵写作之苗,开出一朵朵灿烂的写作之花。

## 笔墨乡景

贵州省铜仁第一中学　杨小敏
指导教师　杨昌富

　　翻一本诗集，联想一处乡景，品茗一段乡愁。一点墨下，跃然白纸，一笔一画，是赤诚的情；一撇一捺，是笔落成诗的愁；所绘一山一水，是心心念念、朝朝暮暮的牵挂。

　　日暮乡关何处是？是马致远笔下的古道行径，昏鸦声鸣里的小桥流水人家；是王维笔下日沉风息时的大漠孤烟、长河落日；或是余光中那枚小小的邮票，乘着白帆船却越不过的浅浅海峡；又或是望断烟雨江波看不清的归乡路，心中摹不清的故乡景。

　　忆乡景，是气味。是记忆里的柴火香，父亲从山林里捡来的干柴，有太阳曝晒的味道，闻起来有干燥的、温暖的木香；是母亲烹饭时在炉灶里烧得火红的木柴散发的烟火味儿，掺和着从锅盖缝边冒出的米饭香；是从记忆深处飘来的老黄牛身上的青草香，也是风轻轻拂过田野的阵阵稻花香……心随气味儿飘得悠远。

　　忆乡景，是声音。身处闹市，熙熙攘攘的人群，塞上耳机也抵挡不住发电机的轰鸣声。轰鸣时，总会听到故乡的声音，那从群山深处空荡飘扬的铜铃声随老黄牛的步伐响起；那河边嬉戏打闹的孩童，欢乐的笑声比溪流更欢快；那田间地头劳作的伯伯们为驱赶劳累，一声声不知所云的吆喝……心随声音跳得欢快。

　　忆乡景，是颜色。久困在鸟笼式的高楼里，窗外的天空总是灰暗的，房间里的光是昏暗的，关上门窗，少了有你问候的家也是昏暗无趣的，无趣时便总会想起故乡的色彩。春天是生机勃勃的绿色；夏天是热情似火的红色，秋天是硕果累累的金色，冬天是美玉无瑕的纯白……心随着明艳的色彩，飘回故乡。

　　我的故乡，我已快忆不起你的容貌了。我深知，你实在算不上一幅美得令人称赞的画，可是你那青山连绵处升起的袅袅炊烟，那熠熠星辰下温暖而明亮的窗……总让我频频回望。你啊，不似诗集里那个美得令人惊叹的故乡，你只不过是一处普普通通回不去的田家。

　　可你，却如一点墨，落在我心头，落笔成文，提笔成画，飘着柴火香，载着铜铃响，映着漂泊人的点点泪光。

# 例说作文的"气脉"营造
## ——"少教多学"教学理念在高考作文语言教学中运用

贵州省铜仁第一中学　杨昌富

作文教学中有一个现象，相信很多语文教师和有写作实践的同学都有同感，那就是学生作文除了不同程度地存在立意浅显、内容单一、情感空洞、结构混乱等问题外，最大的问题就是语言平直、不连贯、不优美、不震撼。读这样的作文，不是让人"昏昏欲睡"，就是让人"晕头转向"。其中一个很重要的原因，就是忽视了文章的"气脉"。

### 一、何为"气脉"

其实，影响作文语言美的因素有很多，有句子、手法、风格、意蕴等。但有一个很重要的因素被我们无意识地忽略了，那就是作文的"气脉"。那么，什么是作文的"气脉"呢？

我们都知道，读王勃的《滕王阁序》，你会感受到他气贯长虹的文风和激情；读李白的《行路难》，你也能感受到他一泻而下的浪漫和洒脱。那么，这种看不见、摸不着的东西到底是什么呢？我认为就是文章的"气脉"，换句话说，气脉就是作者在写作过程中通过语言建构自然形成的一种情绪上的、情感上的、感官上的语言脉络和气势，这样的文章读起来要么情感丰富，要么气势如虹，要么涓涓如流，要么润物无声，甚至从某种程度上说，作文语言的气脉直接影响了作文的情感表达和思想呈现，也影响了作文语言的美感和力量。

## 二、为什么要打通"气脉"

好的语段，语言之中会有一种"气"，一贯而下，形成一种语脉，有了语脉，作文的语言读起来给人一贯而下的感觉，能激荡读者的心灵，让读者心神荡漾。

虽然影响作文语言美感和力量的因素多种多样，但是从一个相对客观和有效的衡量标准来看，其实只有一个标准，那就是让读者读起来舒服、读起来震撼、能引起共鸣，这就是作文语言的最高要求！

写文章就像在路上开车，读文章的人就像乘客。如果路面崎岖不平，乘客坐在车里"昏昏欲睡"或"晕头转向"，这样的作文当然不受欢迎，"乘客"当然就会给司机"差评"。但是，如果这个路从起点到终点完全是一个样，那也会给人造成审美疲劳，读者读到这样的文章，自然没了阅读的兴趣，也就失去了获得更高评价的可能。

但是，如果乘客跟着司机在一条曲折有致的路上旅行，是不是就能很好地解决"昏睡"和"晕车"问题呢？如果道路两旁还长满碧绿的草和缤纷的花，那就更让人神清气爽了！这段路程也就注定会给乘客留下愉悦的心情和深刻的印象。我们的文章语言最好也能做到这样，让读者读起来舒服，有新鲜感和流畅感，让读者手不释卷！写作的一个重要目的就达到了。

如果从高考作文这一角度来看，高考作文的阅卷主要是从立意新颖深刻、内容丰富多样、构思逻辑严密、情感细腻感人、语言意蕴优美这五个基本维度来评价作文的。如果我们前面几个维度不能很好地兼顾，那么通过意蕴优美的作文语言就能很好地弥补前面四个维度上的缺憾。因为从一定程度上说，语言是阅卷老师的第一观感和核心评价指标，优美和意蕴丰厚的语言，已经从第一观感上获得了阅卷老师的青睐，高分作文就在这种青睐中自然而然地产生了。

## 三、怎样才能打通"气脉"

对于作文处于初级阶段的同学来说，如何能让自己的作文达到语脉畅通、气贯而下的效果呢？下面，我结合获奖作文《笔墨乡景》中的两个段落，教同学们营造气脉的方法。请同学们在对比中读完下面删减了一些词语的语段和原文未删减词语的段落：

删减了一些词语的语段：

忆乡景，是声音。身处闹市，熙熙攘攘的人群，塞上耳机抵挡不住发电机的轰鸣声。轰鸣时，会听到故乡的声音，从群山深处空荡飘扬的铜铃声随老黄牛的步伐响起；河边嬉戏打闹的孩童，欢乐的笑声比溪流欢快；田间地头劳作的伯伯们为驱赶劳累，一声声不知所云的吆喝；母亲站在角楼一声声唤我归家吃饭，听见了别家吃饭的碗筷的碰撞声……心随声音跳得欢快。

……

我的故乡，我快忆不起你的容貌了。我深知，你算不上一幅美得人人称赞的画，你那青山连绵处升起的袅袅炊烟，熠熠星辰下温暖而明亮的窗……让我频频回望。你啊，不似诗集里那个美得令人惊叹的故乡，你是一处普普通通回不去的田家。

你，如一点墨，落在我心头，落笔成文，提笔成画，飘着柴火香，载着铜铃响，摹着那映透心房的橘色灯光，映着漂泊人的点点泪光。

未删减相关词语的语段：

忆乡景，是声音。身处闹市，熙熙攘攘的人群，塞上耳机<u>也</u>抵挡不住发电机的轰鸣声。轰鸣时，<u>总</u>会听到故乡的声音，<u>那</u>从群山深处空荡飘扬的铜铃声随老黄牛的步伐响起；<u>那</u>河边嬉戏打闹的孩童，欢乐的笑声比溪流<u>更</u>欢快；<u>那</u>田间地头劳作的伯伯们为驱赶劳累，一声声不知所云的吆喝……心随声音跳得欢快。

……

我的故乡，我<u>已</u>快忆不起你的容貌了。我深知，你<u>实在</u>算不

薰风集 >>>

上一幅美得令人称赞的画，<u>可是</u>你那青山连绵处升起的袅袅炊烟，<u>那</u>熠熠星辰下温暖而明亮的窗……<u>总</u>让我频频回望。你啊，不似诗集里那个美得令人惊叹的故乡，你<u>只不过</u>是一处普普通通回不去的田家。

<u>可</u>你，<u>却</u>如一点墨，落在我心头，落笔成文，提笔成画，飘着柴火香，载着铜铃响，映着漂泊人的点点泪光。

读完删减词语和未删减词语的几个段落，我们会发现删减了一些词语的段落，读起来明显感觉气脉不通，情感不浓，语言虽然读着有一定的美感，但是我们认真品味就会发现，还是原文读起来更有意蕴。其实，如果认真比对就会发现，原文就是增加了诸如也、总、那、却、只不过、可、实在等这样一些连词、副词、关联词或指示代词。然而，就是这样的添加，让文章更有气脉了！文章的情感和意蕴在这些词语的助力下，自然而然地得到更好的表现了！

再看一个例子：

未添加相关词语的段落：

站在世纪的长河上，你看那牧童的手指，不渝地遥指着一个永恒的诗歌盛世——那是歌舞升平的唐朝，是霓裳羽衣的唐朝。唐朝的诗书，精魂万卷，卷卷永恒；唐朝的诗句，字字珠玑，笔笔生花。那沙场壮士征夫一去不还的悲壮，深闺佳人思妇春花秋月的感慨，唐诗之美，痛彻心扉、曾经沧海、振奋人心、凄凉沧桑、绝伦美奂、久而弥笃。

——节选自《唐诗里的中国》

添加相关词语后的段落：

站在世纪的长河上，你看那牧童的手指，<u>始终</u>不渝地遥指着一个永恒的诗歌盛世——那是歌舞升平的唐朝，是霓裳羽衣的唐朝。唐朝的诗书，精魂万卷，卷卷永恒；唐朝的诗句，字字珠玑，笔笔生花。无论是沙场壮士征夫一去不还的悲壮，还是深闺佳人思妇春花秋月的感慨，唐诗之美，或痛彻心扉，或曾经沧海，或振奋人心，或凄凉沧桑，都是绝伦美奂，久而弥笃。

——节选自《唐诗里的中国》

所以，只要在作文中，适时地加入一些连词、副词、关联词或指示代词，就能很好地营造出文章的气脉，使文章有气势、力量或情感。学生只要稍加训练，作文的气脉就形成了！

从"少教多学"的教学理念来看，其实就是将作文气脉的营造方法以简单有效的方式教给学生，在强化训练和深度领悟中，提高作文语言的表达能力，以达到四两拨千斤的效果。

薰风集 >>>

## 他乡纵有当头月，不抵吾乡碎琳琅

铜仁市第八中学　唐　婷<br>指导教师　王传凤

我曾读过"画图恰似归家梦，千里河山寸许长"的离愁，也曾梦中游过别人笔下的家乡！老舍的北京城、沈从文的边城、陈忠实的白鹿原、朱自清的扬州。

而我的家乡是坐落于南方的一座小城，并非华灯璀璨的一、二线城市。它就像是一湖清池，清澈明亮，虽宁静平淡，却让人心中泛起涟漪。都说鸟飞万里，终恋旧林；树高千尺，落叶归根。对于家乡的依恋，物犹如此，人亦不能免俗，那一缕乡情始终在我心怀，哪怕烧成灰，我的汉魂唐魄，仍萦绕着铜仁这块琳琅。

琳琅满目，应是"景"最为怡人。锦江河畔，水草茂密，安静地铺张着远古的绿色，青苇于晚风中摇曳，无数温柔的箭镞射向岁月，射向水天一色的苍茫。迂回曲折的河流就像一根绸带穿过我的家乡，纵然无大江大河的气势磅礴，无细流幽泉的潺潺悠远，却孕育了数万铜城人士，让铜城文礼由此而生。梵净山头，蘑菇石立，气拔山河蠹武陵。一说起梵净山，便是我们铜城日常笑谈的骄傲，不仅是国家一级景区，更是位列世界遗产名录，还有那梵净"四绝"当真是鬼斧神工。一绝"奇"，红云金顶，奇石林立，直破苍穹；二绝"幽"，烟云缭绕，奇峰幽境；三绝"险"，壁立千仞，山舞银蛇；四绝"秀"，林海茫茫，四季常青。当不愧是"奇花异草蓬莱境，弦鹤金猴阆苑乡"。琳琅景，摄心魂，令我深深陶醉于其中，仅一眼便此生难忘。

琳琅满目，应是"味"最为勾人。生活中无处不充满美味，只是那些美味都缺少家乡的香气。身在铜城，这里有清香软糯的江口米豆腐，有麻辣鲜香的德江芷江鸭，还有百吃不厌的丝娃娃……令人垂涎三尺，其中，最叫我拍案叫好的当属那毫不起眼的折耳根。折耳根又名鱼腥草，味微涩，是令很多人闻之色变的"大角色"，可它却是我心头的人间至味。幼时，因我爱吃，外婆总是变着花样做给我吃，那一盘盘折耳根或许是难登大雅之堂，但它是外婆对我深沉的爱，是家乡馈赠予我们最好的礼物，这一生最美好的风景，尝一口便已了然。琳琅味，勾心魂，令我欲罢不能，仅一口便是此生难忘。

　　琳琅满目，应是"情"最为动人。小孩眺望远方，成人思念故乡。古往今来，多少游子飘摇在外，是陶潜的"羁鸟念旧林，池鱼思故渊"的真情，又是司空图的"逢人渐觉乡音异，却恨莺声似故山"的愁绪。游子在外漂泊不定，只能通过乡音来寻求慰藉。而最悠扬的声音莫过于乡音，最动听的声音也莫过于乡音。铜仁话不像江南水乡方言那般婉转动听，也不像东北话那般中气十足，却别有一番风味。它并不晦涩难懂，与人交流时通俗易懂；它念着平仄分明，自有一番味调，这让游子们更易融入他乡。而在这乡音之下，却是那缕牵动着多少人的乡情。乡情，是那一方平平矮矮的小屋；乡情，是那锦江河畔的烟火；乡情，是铜城人士心头的朱砂痣。纵使一生平白无奇，失意回首再相望，铜城尽头仍是春色。琳琅情，动心魂，乡情起便是此生难忘。

　　景之美，味之浓，情之深切，风光无限好，良辰美景当惜时，莫使亲朋空对月，莫使铜城空自留。

　　光照亮了琳琅，正如家乡照亮了我的前行之路，它将带着那浓得化不开的温暖滋味，伴我一路前行，前路何其漫漫，平生何止千万篇，可，吾乡仍是人间琳琅。

# 少教多学以智慧为引,情境入文华章自成
## ——高中语文作文教学心得

铜仁市第八中学　　王传凤

古人言:"文能载国,亦能安邦。"自古以来,多少文人墨客,以手中笔写心中志,妙手偶得的文章,历经千年,依旧笔墨芬芳,其文,其理,意蕴悠长,万载不失其华光。要写得一手好作文,需有智慧的沉淀,需有教师的引导,如此,佳作自然成,如此,文采气自华。

作为高中语文教师,我在教学生习作的过程中,是以少教多学为引领的,偏重学生对作文的书写兴趣和言辞把控能力的培养。我很少直接教,而是侧重以思想引导,以文辞装点,为学生精选古今中外之华章,将其内的词、句、境一一为学生们铺陈开来,让学生能悟文之美,能用心中之词汇,凝成佳句,着墨在纸张之上。

我认为,作文教学与作文启迪,在于阅读要广,在于意境投入要深,在于感情投入要浓烈,督促学生勤学,比老师的教,更有成文力度。

根据我个人在高中语文教学中所积累的作文教学经验,我觉得如果教师做到以下三点,学生们就会爱上习作并精于习作。

### 一、任其书海徜徉,采撷智慧馨香

新时代的学生,生活条件好,物质条件好,不像过去时代的学子,有家国恨在心,有未能成形的夙愿羁绊心灵。这些青少年学生,未经生活之苦,难以用生动的语言去触发心中的真情。所以,他们对生活的内在感悟,不够深刻,对人间的万象,也理解表浅。在这样的前提下,他们行文,就

会有局限性，感情不够充沛，思想不够宽广。面对学生们写作时的困难，面对学生作文内容的干瘪，我时常鼓励学生们要多读书，不局限于学生们困在语文教材之中。我任他们在周末和假期里徜徉书海，督促他们去采撷人类几千年智慧的馨香。我推荐他们读唐诗宋词，通过李清照、苏东坡、李煜等词人的诗词和写作背景，去体悟词内传达的感情。时间久了，学生们就读得多，见得多，词汇积累增多，生活感悟增多，他们写作文时，就会鞭辟入里，感情运用得恰到好处，那一篇篇带有情感的文章，撞击着包括教师在内的阅读者的心房。如在《他乡纵有当头月，不抵吾乡碎琳琅》中，作者对辛弃疾、陶潜、司空图等人的诗词信手拈来，给文章增添了满满的诗意。

### 二、鼓励创新之作，开辟全新气象

任何一个角度皆可以成文，文没有定法，文也没有定章。写文章，关键是角度要新颖，想法要大胆。我一直在作文教学过程中，鼓励学生创新写法，不要拘泥于传统的记叙文、说明文、议论文的形式，既可以在一篇文章中古今结合，也可以采用一些新体裁，来渲染文章的主旨。作文的创新写作思路，会给人带来耳目一新的感受。一旦学生能站在不同角度写作文，这种活跃的思路也会伴随他们一生。开辟全新的习作气象，教师胆子要大，学生要敢想，只要一篇文章未脱离既定的中心思想，有骨血，有皮肤，有灵魂，这样的文章，就是好文章。如在《他乡纵有当头月，不抵吾乡碎琳琅》中，作者从家乡的景、味、情三方面着手，"乡情"贯穿全文，亲情融入其中，首尾呼应，展现了构思的巧妙。

### 三、醉身自然之中，重视生活素材

陈鹤琴先生曾经说过："生活即教育，教育要活，要做活的教育。"我一直认为，天地之间，藏有无尽的素材，生活之中，习作的切口，随手都可以拈来。因此，我时常鼓励班级里的学生在周末、节假日、寒暑假去和广阔的大自然接触，去和生活中的人或事物碰撞，让学生多看，多感受，多接触，多体会。比如，看见青山，有何感受？看见路边的交警在烈日下挥动双臂，你内心有什么触动？禅宗有一个大师云："人生的第一重境界是看山是山，看水是水。第二重境界是看山不是山，看水不是水。第三重境界是山还是山，水还是水。"有时候，学生看到了什么，感悟到了什么，可以用文字表述出来，山水也可以启迪学生的智慧，让他们明白人和物，本是一体，相互共济，这样学生便会在作文中衍生出热爱自然、保护环境的情怀。如在《他乡纵有当头月，不抵吾乡碎琳琅》中，作者对梵净山的描述，就来自作者在假期里到梵净山的一次旅行后的记忆，想象极其丰富，体现了作者浑厚的文化功底，读起来入情入境。

　　作文教学重在引导学生去学，去积累，并将积累的写下来，抒发出来。作文教学，非任务可以助长学生之文笔，它没有捷径可走。此教学一途，师生需携手徜徉于古代春秋，采撷于山水美景，在文中用其心，赋其意，陈其情，文有感情，体有骨血，作文，便有了灵魂。"读书破万卷，下笔如有神。"高中教师要引导学生积极阅读，比布置一堆作文任务要学生完成更有成效，多学，好文自然成。

# 月是故乡明

贵州省思南中学　王咏琪<br>
指导教师　张宗琴

到了远方，故乡才算是故乡。

——题记

小巷深处的犬吠，树梢上鸟儿婉转的低吟，小河边老婆婆洗衣服时的闲聊，小孩子们夜晚借着皎洁的月光玩耍。这是我对故乡最初的印象。

## 春花秋雨夏蝉冬雪

春天，小路旁长满了不知名的小野花，虽说不上高雅，却也让人感叹它们的生机盎然；夏天，小溪成了最热闹的"圣地"，小孩们打水仗、吃冰棍、捉蜻蜓，晚上在院子里乘凉，伴着蝉鸣蛙声入睡；冬天，即使裹上厚厚的棉衣也挡不住孩子们好动的天性，这是一年中最热闹的季节，好多小朋友的爸爸妈妈都回来了，门前也贴满了对联，镇子上幸福的香味都快溢出来了。四季中最萧瑟的就是秋天了，树爷爷只剩下光秃秃的树干了，就连古代文人雅客也多悲秋，但是我觉得秋天晚上的月亮很圆很圆。在晚上，坐在藤椅上，听着爷爷的故事吃着月饼是最幸福的事了。

## 景好人更好

乡里人都很淳朴，一方水土养一方人，率真、正直是乡民的性格。爷爷奶奶辈的人大多笑眯眯地看着小孩，满脸都是慈爱和怜惜，手掌粗糙但很温暖。我特别喜欢邻居家婆婆的桂花饼，很甜，很香，也很软。我也喜欢奶奶做的红烧肉，色香味俱全。

小时候的我们，笑脸随时挂着，好似永远也笑不完，让我想起了陀思妥耶夫斯基在《少年》中写到的一句话："少年就是少年，他们看春风不喜，看夏蝉不烦，看秋雨不悲，看冬雪不叹，看满身富贵懒察觉，看不公不允敢面对，只因他们是少年。"是啊，在故乡的日子里是我最快乐的时光，在故乡吃的桂花糕、红烧肉、烤鱼是最好吃的，在故乡看的月亮是最皎洁的，这些成了我珍藏的回忆。

再后来，爸爸妈妈在县城的工作稳定了下来，接我去城里读书，回老家的次数少了，只记得河边修起了一座桥，有一个养鸡场在河边，鸡把小花、小草都吃光了，露出大地斑驳的皮肤。长大后的某个晚上，我坐在老家的石梯上，感叹着沧海桑田不再历久弥新，一抬头，满天星光撞入我的视野，我伤春悲秋的心绪一扫而空，月亮还是那个月亮，皎洁如雪，挂在我的心尖儿上。

> 我给在老家的奶奶
> 打电话说
> 你看月亮
> 我也看月亮
> 这样
> 我们的目光
> 就在月亮上相遇了
>
> ——姜二嫚《目光》

# 作文教学之有效探究

贵州省思南中学 张宗琴

摘要：作文是语文试题中的压轴题，分值高，占比大。在教学实际中大多数学生作文不认真，语文成绩平平，一些老师轻视作文教学，教学无生气、无成效。而我认为作文教学很重要，语文老师应从教学实际出发，认真扎实地设计和实施作文教学，做好监督和批阅，强化与规范，帮助学生提升语文素养，塑造人格，提高作文水平和增强语文学习的有效性，从而提高语文成绩。

关键词：作文教学　教学实际　有效性

作文是语文试题中的压轴题，分值高（60分），占比大。如果一位考生高考作文写砸了，不用说他的高考就失败了，"一篇作文定终身"的说法不是没有道理的，所以作文教学不可小视。也有一些语文老师认为在阅卷时，阅卷老师为追求速度而打"平均分"，大多数学生的作文分上不去又下不来，相差无几，所以作文教与不教没有太大区别。

而我认为作文教学很重要，成功的作文教学不仅能帮助学生提高语文水平，而且能塑造人格。要让学生成为有语文素养的人，语文老师必须设计好自己的作文教学。

首先，我认为作文是一种艺术，但艺术的高度也得从点滴基础做起。学生进入高中，高一、高二就要安排他们写周记，一周一记，写出一周中最能触动心灵的人和事，这是练笔的最佳方法，也是培养学生意志力的最好方式。周记每两周检查一次，但光检查不批改也不行，你还得找出每篇周记的亮点,好的周记也就情不自禁地细批细改,写出励词嘉语以资鼓励,借此激发学生的写作兴趣,这就需要语文老师多花点时间,多花点心血,和学生一样坚持才行。这样,高二下学期写最后一篇周记的时候,就有不少同学写出留恋之记,把两年周记作为人生中一笔宝贵的财富,用心珍藏,一辈子不忘。

其次,布置作文题要切合实际,让学生真正有话可说,有感可发,有情可抒。我的作文题分两类,一类是自己命题,一类是依教材命题。先说自己命题,高一时,学生刚进入高中,又刚经过十天的军训,所以学生高中的第一篇作文题是"高中生活的第一天"或"我已经是高中生了",抑或是"军训感悟";高二,这是我们学校从"立志成才"到"故土情深"的层次教育阶段,是承上启下的过渡的关键时期,高二的第一篇作文,学生就会写"畅想高二"或以"感恩"为话题作文;高三了,学生斗志昂扬,你追我赶,我会安排他们写"我的高三",意在让学生认准目标,找准努力方向,立下远大志向,报效祖国。这几道作文题很有必要,学生写的是真话,抒的是真情,思想健康向上,何乐而不为?另外,可安排学生写一点评论,如"我看别里科夫""我心目中的鲁迅"等,也可安排他们写一些场景,如"听雨""节日""站台"等,还会安排他们写续写,如《边城》续写等,这些写作均安排在相关教学之后并学以致用,学生自然兴趣不少。再说依教材命题,我认为必修教材的作文训练编排较好,每个训练主题明确,有的放矢,如"发现幸福,学习纵向展开议论""确立自信,学习反驳"等,作文题一般设计五道题,有命题作文、材料作文、图表作文、半命题作文等,形式多样,学生可自由选择,必修五册教材,学生至少在每册中训练两个专题。有了这十个专题的训练,学生不仅能分清文体,明确写作目标,而且能掌握多种技巧,比如,记叙有细节、议论有观点、抒情有真意等,所以,教材中的作文训练不能忽视,我们在统考中也会采用一些专题来考查。

最后,最重要也是最辛苦的一件事就是批改作文,有的老师不爱布置学生写作文,就是因为作文难改。的确,像我的学生高一、高二周有周记,每学期至少5次作文训练,每一次作文批改,从标题到结尾,从文章布局到文章思路，从组词到成句，包括标点符号，每一句、每一点，我都要认真批阅。有问题处要指出并改正，佳妙处也要写出欣赏意，最后还有50字左右的点评，有时改一篇稍长的作文就会花费十几分钟，一小时改五六本，真的是"苦不堪言"。大作文一定要仔细批阅，这样老师才会了解学生的写作情况和写作层次，学生也才会有收获、有兴趣，每一个学生写了作文都渴望得到老师的认真批阅和真心帮助，所以老师要认真批阅。说实话，每次作文批阅，如果全是老师一人全批全改，确实是件痛苦的事，虽"痛苦"，却也乐在其中，没有老师的付出，学生的成绩是提不高的。但每次作文，包括周记，都这样改，时间显然不够。我的作文批改分三种：第一种是我全批全改，哪怕再艰难，每学期本人至少全批全改3次学生习作；第二种是略改，部分作文和周记采用略改，就是通读全文，指出亮点和明显不足，用A、B、C等次标示作文质量；第三种是学生交换改作文，此班与彼班，同一班级各组成员之间交换，由学生根据自己的欣赏认真批改同学的作文，要指出标题好坏，有无错别字，错别字应标记并让习作者改正，用波浪线标出佳词妙句，然后写出评语，这种作文批改的方式有趣又有效，全员参与，但次数不要过多。

作文批改了就要评讲，我的评讲也分三种方式：第一种方式是老师选出优秀作文（传统做法），优秀作文分为90分以上和88~89分两类，90分以上的作文作范文评讲，88~89分的作文口头表扬；第二种方式是选出90分以上的作文，让作文的习作者亲自上台范读，同学们认真听讲，自由评价；第三种方式是全班同学交换评讲，比如，习作《边城》续写，每个同学手中都有一本作文（不是自己的），每个同学都上台评讲，一般需3节晚自习完成，效果相当好。由于这种评讲方式耗时长，所以次数也不宜多，一学年可采用一次。

另外，作文教学不可忽视的还有学生的成文习惯和书写，每次作文我必强调"先构思，后行文"，也必强调字数不少于800字，书写工整，文面清洁，少写错别字。

以上即是我的作文教学之路，多年实践、坚持，亦颇有效，在此与大家共勉。

# 掬一片独好风月　颂一世家乡新颜

铜仁市民族中学　吴香梅<br>
指导教师　侯丽华

茶叶历经沸水的尽情冲泡，终能散发至纯馨香；雏鹰历经数次危险的高空坠落，才能展翅翱翔；蚌壳历经泪水包裹砂石的苦痛，方能酿成美丽的珍珠；而我的家乡也在艰难坎坷中历经几分斗志、几分追逐、几分坚持，终于呈现焕然一新的容貌！我的家乡，我深爱的家乡，我想为她用情歌唱！

于过往，总能想起儿时那弯弯曲曲的山路，那横七竖八的村落，那袅袅娜娜的炊烟，那聒噪不安的知了……暮色下，一幅镶嵌了牧童、牛鞭的悠悠画卷，和谐中透浸山村的无奈、孤独与凄凉，而外面的世界远比远方遥远……

时光斗转，岁月如梭。昔日偏僻、闭塞的村庄早已变得热闹、开放。坑坑洼洼的泥泞马路，悄然不觉间已成平坦宽阔的沥青公路，四通八达。一排排姿态高昂的白杨如同挺立的哨兵站在道路的两旁，迎风飒爽，和着湖畔的依依杨柳，和谐而美好。山上的那几棵饱经风霜的大树不再独自挺立，不再独品沧桑，郁郁葱葱的树木比肩而立，在凛冽的寒风中、在皑皑的白雪里站成美丽的风景，那全然就是岑参笔下"忽如一夜春风来，千树万树梨花开"的壮美意境。

走进村子，昔日矮小的木屋瓦房早已不见踪影，取而代之的虽不是都市里的高楼大厦，但家家户户都建起了一排排两三层的砖房，更为方便的是人们再也不用挑着扁担到水井挑水了，一根根自来水管将"方便"送进家家户户。如今，那些荒芜的田地被开放成盛园之地。春天繁花朵朵，可供观赏，秋天硕果累累，可享美食，好不喜人！最是让人过目不忘、流连忘返的还是村头的桃花源，每到春天万物复苏之时，桃花欣然盛放，朵朵娉婷，芳华灼灼，加之村头的一湾碧绿潭水相迎，这绝佳风景常常引来游客驻足赏玩，这让我不禁想起陶渊明笔下风景奇异的《桃花源记》，我想如果陶渊明先生穿越时空，见此情状，定会为了这眼前无边的美景而兴叹折服吧！

常年在城里读书的我偶然回乡，总能见到老人在村头的榕树下或闲聊、抽烟，或读书、看报的模样，一些跟紧时代潮流的老人还在村头的空地玩起了陀螺、打起了太极，农村老年人的生活竟也如此健康、雅趣。是啊！世界万物都在变化，情随事迁，不得不感慨系之矣！

都说近乡情更怯，不敢问来人。"为什么我的眼里常含泪水，因为我对这土地爱得深沉。"这是艾青先生的滚烫热泪，想必也是每一位爱国爱家之人的肺腑深情。都说一个行过世间风景的人，即使走过千千万万个地方，却最终也走不出故乡的风景。如今，看着家乡的崭新容貌，我的心莫名地为她自豪、骄傲。我要用一颗赤子之心将她一世无边的风月收藏，我想祝她永世和谐、安宁、富庶、美好！

# 润物细无声，阑珊觅佳人
## ——浅谈如何在课堂教学中渗透对学生写作能力的培养

铜仁市民族中学　侯丽华

写作能力的培养，是高中语文教学的基石。培养学生的写作能力，练就扎实的写作功底，历来是教师们在教学中孜孜探索的重要课题。为提升学生作文水平，一方面需要学生广泛阅读课外书籍，拓展知识层面，提升文学素养，另一方面需要教师有针对性地对其进行写作训练。而写作除了专门的作文课之外，还需渗透在日常教学的点滴之中，教师以"润物无声"的方式，让学生在作文的苦海里探幽寻胜，在"灯火阑珊处"终觅"佳人"。

教学中，大多教师一味注重对文本的通透解读，却很少联系写作来启发、引领学生，割裂了文本教学与作文写作的关联，也导致学生在课文的学习中割裂了书本与生活的关联，书本与自我的关联，陷入读死书，死读书的僵化境地。因此，教师们在教学中应把课文教学内容与作文写作能力的培养有机地统一起来，设法唤起学生的写作欲望，让其快乐而轻松地写作。

下面，以高中语文必修二第一单元写景抒情散文的内容为例，谈谈怎样在课文教学中培养学生的写作能力。

### 一、角色互换，培养学生勤于思考的良好习惯

"学而不思则罔"即强调思考对于学习的重要性。思考对于作文亦然。优秀写作能力的培养需要循序渐进，要有坚持不懈的定力。而养成善于思考的良好习惯是写作的根本。如何搭建课文教学与作文写作桥梁的第一步？当然，要从文题入手，也就是让学生站在文章作者的角度来构思设问，形

成角色互换。其间,可让学生谈个人的学习期望、学习预设,加强对其兴趣的激发和培养。如此,一则拓展了学生的思维能力,二则使学生在文本的赏析中感知差距,获得阅读领悟。如《故都的秋》一文,一个浅显的文题对于学生来说不难理解。教师可以设计问题:如果你去过北京,你会描写有关北京秋天的什么图景?你会如何表达感情?基调如何?怎么写?……让学生带着问题走进课文,走进自己的内心期待,将会收获更丰富的阅读体验和写作体验。于是,阅读与写作之间便搭建了有效的链接。

## 二、心灵碰撞,领悟作品精湛的艺术表现和丰富的思想感情

佛家修行讲求"顿悟",而写作的过程也是个"顿悟""明朗"的过程。学生只有从心而悟,才能内心共鸣,获得写作启示。当然,有所悟必须有所学。教师在课文的探究过程中应让学生深刻把握文本,在文章的思路、结构、语言、主题等方面,教师需巧设问题,激发学生对课堂的参与性,体悟文章的情感旨趣。

本单元的三篇课文都是写景抒情的佳作,所写之物,都饱含作者浓烈的情感意蕴。散文的学习既要品文,又要品人。散文学习除了鼓励个性化思考、深度思考之外,尤其强调要重视心灵体验。《高中语文新课程标准》要求"充分调动自己的生活经验和知识积累,在主动积极的思维和情感活动中,获得独特的感受和体验"。本单元的课文都是具有丰富的生命体验、崇高的人文价值的典范之作,教师鼓励学生学习时,需将这些朴素、深沉的精神情感作为养料,内化为自己的生命体悟,继而在作文写作中寻得灵感、探得要义。比如,我指导的学生作文《掬一片独好风月,颂一世家乡新颜》,在创作前,我首先灌输给学生一个理念——"意在笔先",一定让学生在情感上拥有最真挚而朴实的回归,绘就一道嫣然的景,酝酿一抹深沉的情,文章才会拥有温暖而动人的力量。

下面,从文章的内容与形式两方面来谈文本与写作的契合方法。

(1)触摸文章坚实的外壳

一篇优秀的文章首先要美在语言、结构、思路等形式。本单元几篇文章的语言表达应是写作借鉴之首选。如《荷塘月色》一文,优美的语言、

丰富的修辞，似将我们带到清华园恍若仙境的荷塘之中，那亭亭碧绿的荷叶，那袅娜多姿的荷花，在月色迷蒙、薄雾袅绕的荷塘中摇曳生姿、缱绻多情。而《囚绿记》一文文风平实而质朴，没有华丽的言语，一株常春藤的故事却得到深情地呈现。"离开北平一年了，我怀念着我的圆窗和绿友。有一天，得重和它们见面的时候，会和我面生么？"简朴的言语，尽显真情。此番语言表达的艺术性都应让学生有所感怀、有所体悟。我的学生作品《掬一片独好风月，颂一世家乡新颜》，优美而朴实的文辞表达了作者对家乡真切的情感："都说近乡情更怯，不敢问来人。'为什么我的眼里常含泪水，因为我对这土地爱得深沉。'这是艾青先生的滚烫热泪，想必也是每一位爱国爱家之人的肺腑深情。都说一个行过世间风景的人，即使走过千千万万个地方，却最终也走不出故乡的风景。"一种言有尽而情无尽的感觉被语言之力传递出来。

法国作家福楼拜曾说："语言就是一架展延机，永远拉长感情。"语言便是散文之情最美的载体，而真正的写作高手，追求的恰恰是"常字见奇"的艺术境界，最能打动读者的语言魅力，往往也是一个普通常见的词语被高手运用得出神入化，妙不可言。

可是，语言表达一直是学生作文的软肋。面对作文，学生常常束手无策，词不达意，不能以流畅乃至有文采的言语来表情达意，这是学生作文普遍存在的痼疾。在作文中，普遍出现语法不当、语句不通、语言冗长、喜堆砌辞藻等现象。所以，教师在授课过程中应有意识地让学生朗读并体会作者在语言表达上的艺术感、技巧性。只有从语言表达这一基础问题着手，循序渐进、潜移默化，学生作文的整体水平才有提升的可能。

当然，本单元几篇文章的章法结构、行文思路等技巧都值得写作借鉴。

（2）领悟文章强大的内核

优秀的散文常以巧妙的艺术技巧来表现深刻的内容、深邃的思想、深沉的情感。《囚绿记》一文选材简单、立意高远。陆蠡写一株常春藤的故事来表达自己的生存状况和真挚心愿，将个人的命运与国家、民族的命运寄寓在了一株绿植身上。文章从小处落笔，以一件生活琐事来叩问心灵、剖露真诚，写出了一个阔大的精神世界。于是，教师要引领学生的思维提升至一个高度，让其认识到生活处处皆可入文，琐碎的平常物也可被剔透的玲珑心写得深刻动人。培养学生的敏感度，用真诚的心灵来展现生命的价值与意义，已然成为课堂教学的灵魂。正如叶圣陶所说的："写文章不是生活上的一种点缀，一种装饰，而是生活本身。一般人都要认识文字，练习写作，并不是为着给自己一个'读书人'或者'文学家'的头衔，而是使自己的生活更见丰富、更见充实。"

所以，教师要努力激发学生的创作激情，让其知晓写作是为了生活，而非写作本身。

### 三、娴熟运笔，让生活充满文学情韵，让学生快乐作文

美国一位学者认为："写作技能是未来公民生存的第一技能，也是每一个人必须具备的技能。"所有的理论不付诸行动只能是纸上谈兵，学以致用是点燃学生兴趣的火焰。

教学中，教师要让学生彻底打消为考试而写作的思想，要让其明确写作是现代生活传情达意的必需。十几岁的孩子对生活的激情可以用大海来形容，如果生活的激情能成为他们作文的源头活水，那么作文的快乐是可以预见的。因此，以课堂小作文来激发学生的兴趣，可减轻学生畏惧作文的心理负担。

通过这几篇课文的解读，教师可在课堂上有针对性地安排任务来检验学生的写作能力。如"请以你生活中的一处风景为内容，写一段不少于300字的片段作文"。

待学生完成之后，可当堂分享写作成果，师生之间互动交流，达成心灵的共鸣。当一个班级形成了一股热爱写作、分享经验的好风气，相信写作文在这个班级将会成为一件快乐而充实的事情。

总之，优秀的作文写就并非短时所能，它需要一个漫长的积淀。为此，学生应下功夫多读、多练，而教师更应发挥主导作用，引领学生走进文学的殿堂，感知文学的魅力，激发内心的写作欲望，在润物无声中让学生日臻佳境，快乐作文，轻松作文。此途虽漫远，但只要不舍不弃，寻寻觅觅，学生一定可以在灯火阑珊处遇见美好！

## 老李的幸福生活

玉屏民族中学 江文俊
指导教师 潘 志

朱家场镇龙眼村是老李家几代人生活的地方，这里方圆住着几十户人家，由于山多地少，青壮劳力都进城务工去了，剩的都是些老人、小孩，原本就不大的村子越发显得冷清、寥落。晴天一身灰、雨天满腿泥的黄泥路，被烟熏得发黑的歪斜的老木屋，到了旱季连水都打不上的老井……一切都沉默地坦白着小村的贫穷。

一大早，老李吧嗒吧嗒抽着他的老旱烟，挎着镰刀正准备上山，迎面看到孙子李贵全耷拉着脑袋往家走。"你小子，不是去报名吗？干什么回来了?!"老李惊雷似的怒喝吓得李贵全一边习惯性双手护住脑袋，一边绕着弯地往旁边跑开去，边跑边说："我没逃学！我去报名，没看到张老师，大伙儿都说我们老师又走了！"听到孩子的回答，老李一声叹息，心中默念着："又走了？这是第几个了？"一边吼着："不上学就放牛去！"说完就出门了。一路上还遇到了几个回家的孩子在嬉戏打闹，越发让他觉得心里沉甸甸的：村上学校条件太差，留不住人也没办法。连代课老师都不愿来，好不容易来了吧，说不定什么时候又走了。娃儿们上个学也造孽，送到镇上又太远，上下学不方便，跟父母进城吧又都在打工，也没法照顾……想得老李心烦意乱，索性蹲在田埂边又抽起旱烟来。

一袋烟的工夫，老李思来想去，娃儿们这样上学总不是个事儿，得到村委会去说道说道，烟袋锅往鞋帮子上使劲一磕，就直奔村委会去了。

好久没来过村委会了，这边添了好几副生面孔，都是些小年轻，还挺有礼貌的，一见到老李就客气地打招呼。等老李说明来意后，自称是县里派来的驻村第一书记小王向老李解释道："李叔，情况是这样的，这次不是我们的老师又走了，而是我们县作为全省义务教育均衡发展示范县，上面要给我们分配有编制的专职教师来，以前咱们这里的老师都是临时聘请的，这回是正式分配到我们这里了，以后咱们这里就有领国家工资的真正的老师来教孩子们了，新老师明天就来！"，老李也听不懂什么"义务教育均衡发展"，但他听明白了"有领国家工资的真正的老师明天来"这一句，有了这一句，老李心中有了底，嘴上连连说着："谢谢领导，谢谢政府……"边说边往外走，一出村委会大门突然觉得满身是劲儿，就哼着小曲儿上山去了。

  果然，孙子第二天到学校办好了新学期入学手续，回来说来了两个新老师，以后数学、语文就不是同一个老师上课了，还有音乐课、美术课！老李看着孩子乐呵呵的样子，心里也觉得格外踏实。

  这天夜里，好久没响的村广播吱吱啦啦了半晌后，传来通知，让每家派一个人晚上七点半到村委会开会，老李吃过晚饭就跟隔壁张老头朝村委会走去。一进大院，嚯！好热闹，满院子的人！老村主任在给大家介绍完新来的同志后，他又见到了前两天的那个小王，原来还是个大学生！作为县里选派来的驻村书记，小王给大家宣讲了国家脱贫攻坚的相关政策，说是各地方要结合实际情况申报产业扶贫项目，国家将拿出专项扶贫资金进行帮扶，开会是要跟大伙儿商量，龙眼村的脱贫项目申报事宜。小王拿着喇叭大声说道："玉屏县素有'中国油茶之乡'的美称，而全县的油茶林主要就集中在我们龙眼村，由于缺乏养护，油茶收成完全'靠天吃饭'，每年秋天结了茶籽，也是各家各户小打小闹，不成气候，下一步我们要成立合作社，统一规范管理、种植养护、采摘加工，打造自己的品牌，卖出好价钱，让大伙不再守着'金饭碗'还到处讨饭吃！"小王书记一席话说得大伙儿心里热乎乎的，当晚就有二十多户跟村里签订了入社合同，剩下的人没过几天也纷纷加入了合作社，大伙儿心里明白着呢：技术有指导、茶籽有销路、茶油有品牌，还愁没收入？！

  最令老李没想到的是，儿子、儿媳妇回来了，说是村里油茶合作社招工，负责日常维护，每个月每人一千五百元！有了这份收入，既可以帮村里搞好茶树生产，又能照顾家里，最重要的是孩子在上小学，身边不能缺少父母。以前是没办法，现在国家政策这么好，就决定回来了！

在儿子和儿媳妇回家的那天晚上，老李家沉寂了多年的小院儿回荡着碗碟碰撞声、说笑声……听着儿子口中的"以后咱们村……"，看着氤氲着热气的一家人的笑脸，老李突然明白了，心里近来感到的那份踏实应该就是年轻人老挂在嘴上的——幸福！

# "少教多学"在写作教学中的实践运用

玉屏民族中学　潘　志

作文教学中,通过课内对学生进行方法指导、讲评训练,的确可以提升学生审题立意、谋篇布局等方面的能力,但作文程式化、个性表达不足、思维固化等问题也随之而来。究其原因,学生不是缺少方法,而是缺少对生活的观察体验,对问题的研究思考,对素材的整理积累,使得写作成了无源之水,无本之木。这种只注重了课内讲练而忽视了课外积累的作文教学,是高耗低效的,亟待改进。

"少教多学"强调把学习的主动权交还给学生,充分发挥他们的主动性、积极性、创造性,使学生真正成为学习的主人。教学中,我努力尝试将单一的课内作文教学拓展延伸到课外,让学生走进生活,自己去看、听、思、说、写,把学习的时间、空间和思维的过程还给他们,让学生在生活中不断丰富自我、学会思考、勇于表达。

## 一、读写结合,学会表达

课内外,加大学生的读写训练力度,以读促写,读写结合,在积累素材的同时也提升了他们的表达能力,变"要我写"为"我要写"。

### (一)课外主题阅读

充分利用学校图书馆、阅览室以及校园书吧等资源,根据单元作文教学的要求及特点指导学生进行课外主题式阅读,并撰写读书笔记。

## （二）写随笔

给学生每周布置一篇随笔，内容不限，字数不限，有感而发，率性而为。每周批阅一次，整理五到六名学生的随笔作为范例，印发给学生学习、借鉴。

## （三）课前三分钟美读文段

利用课前预备铃声响后的三分钟时间，全班同学每天轮流上讲台朗读自己在课外阅读中摘抄的精美文段或自己的读书笔记、随笔。

# 二、走进生活，积累沉淀

生活是最好的学校，我引导学生将语文学习融入生活，在生活中主动观察、积极思考、勇敢发声。

## （一）跟帖发声，个性表达

我利用每周晚上的一节自习课，选择一条热点新闻，让学生模拟网络跟帖的形式发表观点、意见，并从中选出观点新颖、内容深刻的跟帖，帮助学生在网上发表，并在下一次的活动中展示网友回复情况，鼓励学生个性表达。

## （二）实践活动，丰富阅历

我利用节假日，给学生布置调研内容，让学生参加一些社会实践活动，锻炼学生的交流、表达能力。如2018年暑假期间，全县的脱贫攻坚工作正如火如荼地开展，我组织学生进行专题调研。通过实地考察、采访记录、图片展示、撰写小报告等形式让学生主动、深入地了解、见证脱贫攻坚这一伟大壮举，在丰富学生阅历的同时，还增强了对社会主义制度优越性的认识。

## （三）主题活动，锻炼能力

结合学生实际能力，给出主题，让学生以小组为单位设计活动方案，优中选优，创设条件，让方案得到有效实施。例如，2019年9月，我让自己两个教学班的学生以小组为单位设计一次庆祝中华人民共和国成立七十周年的纪念活动，活动由最初的方案征集，到方案提交、落实筹划均由学生自己组织策划。在学校的大力支持下，9月27日晚上，两个班的学生与学校民乐团在玉屏县城的风雨桥上举行了一场庆祝中华人民共和国七十华诞的"快闪"活动。

当学生在网络、电视台看到活动视频、报道时，从同学们欣喜的表情中，我看到了语文教学的更多可能性，那一期的随笔很多同学不约而同地提及了这次活动，每一行文字里都是满满的真情实感。

### 三、提供平台，激发热情

爱因斯坦曾说："如果把学生的热情激发出来，那么学校所规定的功课就会被当作一种礼物来领受。"通过各类学习活动的开展，学生有了一定的积累，有了表达的愿望和能力，我就积极地为他们提供展示平台，更好地激发他们的写作热情。

（一）班级内部

进行课前三分钟美读分享；指导学生整理自己的随笔本，在班内相互传阅；创设班级刊物《青春派》（周刊），由科代表将班级同学按四人一组分成十二个小组，每周一组负责组稿、审编、印制，让学生的练笔能够在班刊中得以展示，得到认可。

（二）其他平台

我鼓励学生参加各级各类作文、朗诵、演讲比赛；开通自己的微博，利用节假日休息时间上传文章、随笔；积极帮助学生向各类纸媒、网络平台投稿。

近年来，学生在各级各类作文、朗诵、演讲比赛中屡屡获奖，稿件得到刊发，微博关注度提升……学生的内在动力被激发出来，热情高涨，写作已经成为一种需要。

在2020年铜仁一中举办的第四届"熏风杯"作文比赛中，我两个教学班的学生都踊跃报名并取得了较好的成绩。其中江文俊同学写作的《老李的幸福生活》一文，贴近现实、以小见大地将脱贫攻坚工作给山乡带来的变化聚焦到具体的生活片段中,写出了新意,写出了个性。这让我进一步坚定了践行"少教多学"教学理念的信心,未来,我将继续在作文教学中不断探索,走出一条教与学的双赢之路!

# 她的模样

贵州省铜仁市民族中学　肖霞艳

指导教师　任晓红

她的年龄无人知晓，像书中说的"很久很久"。几乎没有人关心或讨论过她的生平，人们只是静静地依傍她，默默地守护她。我的祖父母一生都未曾与她分离，他们之间相处的时间很长，长到产生了依恋的情愫。

她曾是破败的。马路旁的大槐树早已倾倒，无人将它扶起。在经过不知多少个春秋的风霜之后，它的壳日渐剥落，枝渐渐消失，只有那隐隐约约的木香味，偶尔还会让人想象它枝繁叶茂、鸟雀翻飞的情景。穿过村子唯一的一条路，每到下雨天总是泥泞不堪，雨水从上面肆意流过，带走了永远也冲不完的黄泥巴。东边有好几间年久失修且无人居住的木屋，总在刮大风的天气发出"咯吱咯吱"的声响。人们常揣测它会在哪一次狂风暴雨中轰然倒下。小孩则喜欢在木屋中"寻宝"——带花纹的小木块，色彩淡雅的碎瓷片，圆润光泽的有机纽扣，腐木上冒出来的新鲜菌子……这些细碎的物件构成了我们童年时代永远无法言说的快乐。

她也曾是寂寥的。在布满了青苔的堡坎上和疏疏落落点缀着些杂草的青瓦下，居住的大多是老人和小孩，青壮年们为了前途和生计去了远方，村路上鲜有人音，除单调的鸡鸣和与之应和的犬吠外，就只剩下响彻整个夏季的蝉鸣和暮色中拉长了嗓子的呼唤，尚能让人感受到她的一些生气。正因为如此，小孩们格外盼望过年，好让储蓄了四个季节的欢喜在短暂的团聚中释放出来。至于孩子们长大了外出求学后村子的光景，大概只能在老人们的叹息中去感悟了。

当然，她又是变化的。隔壁阿婆家后院半人高的石磨不知何时被移走了，院里接了自来水管，砌了洗衣台；坎下阿公家那头帮每家都犁过地的老牛不见踪影了，犁地的工具也被闲置在角落里，慢悠悠地生了锈；离我家千米外的小菜畦不见了，取而代之的是供村民们休息、娱乐的水泥坝子；东边那几间破屋，也在回归家乡的汉子们辛勤的改造中，变成了错落有致的楼房；村头李婶家的小哥哥大学毕业后居然没有留城，而是回到家乡安心干起了养殖业；通往县城的路扩宽了，村与村、户与户之间都有干净的水泥路；田里的油菜花谢了，山间的果树红了……她的变化藏在细节里，让人察觉不出，但这万千的细节构成了她新的模样。

　　我喜欢变化中的她——朴实，低调，像默默耕耘、殷切期盼收获的老农；我也喜欢更新后的她——清新，明媚，像迎着朝阳走向康庄大道的姑娘。但我总是忍不住怀念从前的她——落寞惆怅，却依然竭尽全力把温暖和牵挂传递，像在黄昏时分的袅袅炊烟中等待游子归家的老母亲。

　　只有在描述她时，我才惊觉自己的词汇是如此贫乏，尽管写了这么多，依然不能准确地描摹她的模样。我知道不断变化的她是不能被定义的，她是长堡，是我永远的故乡。

## 少教多学看世界，明辨事理写我心

贵州省铜仁市民族中学　任晓红

过去，由于交通不便、信息闭塞，人们能静心读书、深入思考，通过读书来认识世界、了解社会，建立自己的思想体系，培养自己的道德情操。然后用被书洗礼过的慧眼去观察世界、思考人生。最后用饱蘸情感的笔来表达思想、指点江山。那时候，没有老师花样百出灌输知识，也没有先生喋喋不休讲道理，但却能够"江山代有才人出，各领风骚数百年"。到了二十一世纪的今天，科技发达，信息潮涌，生活节奏加快，不少人变得浮躁、焦虑、急功近利。他们满足于碎片化信息的摄取，止步于别人的分析评论，甚至沉醉于娱乐视频里五花八门、层出不穷的搞怪要宝。于是，无论家庭还是校园，能认真读书的人很少。而课堂上，由于升学压力的影响，尽管有新课程理念的要求，老师们还是在不由自主地抢占学生思考、探究、表达的时间。

在这种阅读严重缺失，教学功利当道的背景下，学生在思维的拓展和语言的表达上陷入了前所未有的困境。他们看到山，却发现不了山的美，更领悟不到"不畏浮云遮望眼，自缘身在最高层"的哲思；他们看到水，却感触不到水的善，更无法探得"水至清则无鱼，人至察则无徒"的道理；他们经常在交流，但关键时刻却不知从何说起；他们天天在书写，但呈现在纸上的却是那么的枯燥、干瘪、杂乱无章。

更尴尬的是，课堂上，老师们结合实例，把各种文体的写作特点和写作技巧讲得生动明白，但作文题一布置下去，学生就会皱眉、啃笔，即便有几位写得稍微顺畅的，文章也难登大雅之堂。

高中语文的写作教学何去何从,是摆在每一个高中语文老师面前的一道难题!

探寻古人文学创作的规律,不难发现,凡有大成者,或在"理",如先秦诸子;或在"情",如易安、柳七;或在"诚",如东坡、放翁;或在"事",如子美、乐天。北宋晚期的张耒提出"诲人作文,以理为主"。他认为教人写文章,首先要教其明白事理,如果只知作文,不知求理,或者只求作文的技巧,不知道培养人的思想感情,是前人所不曾有过的。

如此看来,我们的作文教学难免有舍本逐末之嫌了。

确实,如果没有对世界的正确认知,怎能写出闪烁思想火花的文字?如果没有丰富细腻的思想情感,怎能流淌出浸润真情的动人篇章?

但前提是正确认识世界。

当下,有很多在小学和初中阶段没养成良好读书习惯的高中生,尤其有很多没能在长期的阅读中积淀知识,修得相应语文素养的高一学生,他们总觉得身边没有什么可赏之景,周围没有什么可写之人,生活中没有什么动人之事。写作文就是应付差事,鲜有胸中千千壑,洒墨抒幽情的。面对这样的学生,我认为,写作教学的第一要务是教会其学习,学习观察世界、了解世界、激发情感,学习思考人生、反映生活。

于是,为了让学生养成多看多思,在观察中发现美,在思考中追求美,在感动中表现美的习惯,从高一开始,我就开展了"少教多学看世界,明辨事理写我心"的主题活动。活动分为"写人记事载我思"和"写景状物抒我情"两部分。这两部分不分先后,不限范围,不限文体,可以交叉,可以相融,字数两百字以上,以周记的形式上交批阅。

在整个过程中,首先要在不同阶段把观察、思考、表达的方法传授给学生。比如,观察人,除了从其外貌、语言、动作、习惯等方面去把握观察对象的性格特点、行事风格、品格修养等外,还要注意观察其一些不同往常的变化,因为一颦一笑,一嗔一怒都会流露出一个人情绪的起伏、思想态度的倾向;比如,观察事,不仅要善于多角度思考,还要善于透过现象看本质;比如,观察景,不仅要善于抓住其特征进行描写,还要结合自己的人生阅历和生活体验,大胆展开联想和想象,以期从中获得情感上的抚慰和精神上的满足。

其次要给学生创造观察生活、体验生活、反映生活的机会，这个环节是重点。因为没有观察就没有深刻的思考，没有体验就没有真实的体会。所以，我课堂教学的原则是学生主学，老师主导。老师的任务就是引导学生去完成一个又一个的学习任务。比如，分组合作解读课文、专题讨论、课本剧编写等。尽量做到每个人都有自己的任务，让每个学生都有自己独特的体验。

事实证明，结合平时的阅读教学和写作指导，有目标、有方法、有情感体验、有互动地实施写作计划，效果是显而易见的。在学生的随笔中，可以感觉到他们的眼睛有光了，心中有情了，笔下有趣了，他们的生活开始变得丰富多彩了。

看，他们笔下的人：

> 我有一位老师，她会哭！我从来没有见过一位那么爱哭的老师，她会哭，她会因为自己的学生而流下伤心的泪水。
>
> 以前的我很顽劣，甚至无法无天，但是没有老师为这掉过眼泪；以前我很懒惰，很会装，会把作业抄得很工整，但没有老师为这伤过心。所以，我这位老师一定不是一般的老师。
>
> 老师的泪不会被时间风干，因为我已把它珍藏在心里。
>
> 我有一位好老师，她没有绝世的容颜，但就是美；她个子没有我高，但我却有"高山安可仰"的感觉。
>
> 有人说，老师是一盏明灯。但我的老师却如明月一样照亮了我的人生之路，我只需动动脚步，心无旁骛地往前走就行了。
>
> ——摘自学生周记

该生虽然没有详细地叙述事情的原委，但作为一个长期不好好用笔来叙事抒怀的少年来说，这已经是一个很大的突破了。至少他捕捉到了一位老师情绪的变化，更能结合自己的人生经历去解读这种变化里蕴藏的深情，懂得这种感情的可贵，从而萌发了要改变自己，重新出发，不辜负老师的深情，不辜负老师为自己流泪的思想。这种观察不仅让他有了写作的素材，更让他明白了事理，懂得了真情可贵。这样的收获，远比他能写出一篇好文章更有意义。

经过一个学期的学习和训练，学生们笔下的人物逐渐丰满起来，甚至有学生用半文半白的语言来完成自己对人物的塑造：

×××，吾之师矣，年近五十而形貌一如当年。负传道、授业、解惑之责，至今已二十余载，孜孜不倦，始终如一。好古文，六艺经传皆习之，以才气闻于学舍。

余从师于去年。是时余之学业下同窗远矣，常以书诉之而问焉，师往往以妙语勉余。因其语，余渐重拾信心，并如师所言而行，寻以善于他人，胜去年远甚。

时余学于本年级之二类班。是班常有懈怠之徒，师于是朝暮以语策余等六十余人。一日，余坐于室，寻铃声起，师入，怒目以视。曰："何以未为文？"余之同窗闻之，皆立侍曰："惰也。"师曰："学而惰之，必有所废……黑发不知勤学早……尔等出乡野，别亲友，乃图他日有立身展翅之力也……负己负亲负韶光……"云云。余初见师怒如此，惧也。

又一日，师持书讲于堂，有所感，诵《十二郎文》而泣，与余等叙其平生之憾事，余等皆以为痛，亦泣。余以为师所以言及此，期余众毋悔于事也。

师之辛苦，非余等所知也，然为师之心实皇天后土所共鉴。

师曾曰："传道授业，吾少小之梦也。人生在世，未尝有就梦而能糊口，且有助于他人者。吾俱得，无憾矣！"

因师之言，故得"不忘初心、方得始终"之理。余等皆获益于师矣，乃设"沐馨阁"于室。吾度之，若余等皆从师以学，顺师以期，就梦，必指日可待也！故往往勤学于室。

——摘自杨松平周记《吾师×××小记》

此文是学生在我结合文言传记的教学，鼓励大家试着模仿文言传记的方式来写身边人时完成的。它已不是单纯地写人，而是把人放到一定的事件或情景中去展现。看得出该生非常注意观察老师的语言、行动和情绪的变化，也非常注意记录平时观察到的点点滴滴，可见观察的习惯已初步养成。

再看，他们笔下的景：

> 她曾是破败的。马路旁的大槐树早已倾倒，无人将它扶起。在经过不知多少个春秋的风霜之后，它的壳日渐剥落，枝渐渐消失，只有那隐隐约约的木香味，偶尔还会让人想象它枝繁叶茂、鸟雀翻飞的情景。穿过村子唯一的一条路，每到下雨天总是泥泞不堪，雨水从上面肆意流过，带走永远也冲不完的黄泥巴。东边有好几间年久失修且无人居住的木屋，总在刮大风的天气发出"咯吱咯吱"的声响……
>
> 她也曾是寂寥的。在布满了青苔的堡坎上和疏疏落落点缀着些杂草的青瓦下，居住的大多是老人和小孩，青壮年们为了前途和生计去了远方，村路上鲜有人音，除单调的鸡鸣和与之应和的犬吠外，就只剩下响彻整个夏季的蝉鸣和暮色中拉长了嗓子的呼唤，尚能让人感受到她的一些生气……
>
> 当然，她又是变化的……通往县城的路扩宽了，村与村、户与户之间都有干净的水泥路；田里的油菜花谢了，山间的果树却红了……她的变化藏在细节里，让人察觉不出，但这万千的细节构成了她新的模样……
>
> ——节选自肖霞艳参赛作品《她的模样》

本文紧扣"她的模样"，用"她曾是破败的""她也曾是寂寥的""当然，她又是变化的"三个相同的句式领起家乡三个阶段的环境描写，在细腻的描写中再现了家乡过去的贫穷落后，家乡的青壮年不得不外出打工，以至于出现"留守"老人、孩子的特殊历史现象。最后用排比句，在抒情中描写，在描写中传情，充分展示了新农村建设和脱贫攻坚的辉煌成果。行文看似风平浪静，实则暗潮汹涌，从感伤到喜不自胜，无一不让人感触到时代的脉动，真实地反映了家乡的巨大变化。文笔清新，情感真挚，字里行间透露出作者敏锐的观察力和对时代变化的思考。此文再次证明了善于观察，明白事理的重要性。

当然，他们也有用诗歌的方式来抒发自己对时间的感知的：

> 一天的十二个钟头，
> 是我十二个客人，
> 他们一个个地来，
> 然后一个个地去，
> 最后，夕阳拖着影子也走了！
> 我还没来得及盘问自己的心情，
> 黄昏却蹑着脚，好奇地挪进我的生命。
> 我说：朋友，这次我可不再对你诉说了，
> 每次诉说，都会伤我一点骄傲！
> 黄昏黯然，无言地离去。
> 孤单的，沉默的，
> 我投入夜的怀抱……
>
> ——摘自黎旭莲周记《一天》

还有用周记来记录自己的觉醒和转变的：

都说青春在疼痛中成长，我就是在这时迷失了自己，今天老师说我太忧郁、太消沉了。是的，我也发现自己很久没有被感动了。当然，我也发现生活中可以感动自己的东西越来越少了，我好像与这个世界隔离了，我变得沉默寡言，变得冷酷无情。我一直以为这世界根本没有给我留一个位置，我感受不到温暖，感受不到爱。于是，我就开始沉沦，开始忧伤，因为我恨这个世界，

我恨的东西超过了我爱的东西。

可是现在，我发现自己错了，老师苦口婆心开导我，让我要好好爱生活，好好爱自己，鼓励我要善于观察生活，善于发现美，这样就不会对生活产生厌倦。我的心其实已经触动了，我突然意识到自己是不是失去了什么东西，也许就是我的心吧！

老师说我的孤独来源于我总是看到别人的缺点，总是排挤别人任何观点……

是的，体验不到苦难的心灵是肤浅的，体验不到幸福的心灵是空虚的。我的心灵已经空虚了好久好久……晚自习回寝室后，我一遍又一遍地听着《隐形的翅膀》，那时，我发现，原来每一人都有一双隐形的翅膀……

——摘自杨冲应的周记《觉醒》

在这篇文章中，我惊喜地发现，学生已经把观察的眼光从外界转向自己的内心，大胆地剖析自己，深刻地分析原因，欣然地接受老师的意见，勇敢地突破心理障碍，充满希望地鼓励自己重新开始。这就是合适的作文教学给学生带来的福利，因为艺术来源于生活，又能让人更好地去生活。

学生的习作不胜枚举，这些片段或文章显示，教给学生观察思考的方法，创造机会或平台让学生有观察的对象，有体验的平台，指导并鼓励学生大胆抒写内心，就像引水入流，把学生的思维、情感、认知等引向江河大海。在这个过程中，他们不仅懂得了方法，积累了经验，培养了习惯，提升了语文素养，还发现了生活中的点滴温暖，反省了自身的问题和不足，领悟了人生只有在不断发现和不断进取的过程中才能获得快乐与幸福的道理。

总之，少教多学，可以让学生在观察中启迪思想，在观察中练就慧眼，在体验中深化认识，在体验中培养情感。如果阅读的缺失让人失去了打开文学殿堂的钥匙，那么观察则以融入生活、体验生活、思考生活的方式让文学的大门主动向善于观察者敞开。古人云："行万里路，读万卷书。"强调的也是观察和体验的重要性。学生们虽然还没有机会行万里路，但至少迈开了追寻的步伐，开启了"慧眼看世界，我手写我心"的旅程。

# 忆昔走过梨花林

贵州省铜仁第一中学　陈　玉<br>指导教师　曾晓玲

山里满是大片大片的梨花。

人鱼唱晚。她们碧灰的眼睛里凝结着无数飘零的雪花。你想说什么？

我似乎有些想回家了，停下笔，四周有无数黑暗的生灵窥视着。时间是一个可笑的重担，让我不禁想起故乡的梨林，我着实该回家了。

我是被故乡的梨香带回思绪的，一路颠簸而来，不禁头晕眼花。每日待在只有钢筋水泥的繁杂茫然中，我早已对取代绿意的金属世界产生了些许厌恶。

轨道旁，是浅浅才没及小路的杂草，青苔在吟唱，和着车声歌舞。忽然，不远处一簇簇茂密的梨花自是站在一座座矮丘中探出头了，我听见了它们的呼唤。心中那丝浮躁顿时消尽，好似久违的春润了无声的草。

这是故乡的梨花吗？

大抵上是没有什么变化的，显然，这时代的脚步并没有改变故乡的节奏，这根跳动不已的弦有些许松了，还好，我没有失去"故乡"。

迎接我的是庭院前的梨香，还未进这篱墙，我就已经与它们根脉相通了。故乡的村子稀稀落落地，错落有序地点缀着山里的梨花，并不高大豪华的土屋木门红瓦，倒像是陌上缓缓而开的几盏小灯，在这漫天"白雪"中极有几分雅兴。推开已生锈的铁门，有些吃力，我被它躲在泛黄面孔下狰狞的笑容吓到了。石阶，早已破败不堪，坑坑洼洼，可我觉得颇有几丝风趣，小时候，那一群孩子从这儿跌倒又爬起的样子让我笑了起来。

庭前的梨树好像比以前的那株老树长得更高了，我有些惊讶：此时的晚春却没有让它们那些可爱的花儿落下，难道它们也在等待着我归宿吗？偎抱梨树，我却再也够不着以前的树丫，梨花在绿意中傻笑。我心中波澜阵阵：故乡，故乡，我来找你了！

隔壁的老张一家，似乎听到了我们的声响，迟疑了一会儿，又赶忙握住我的手："呀，六年了，你终于回来了，快去看看吧！你奶奶早已在屋里等着啦！"霎时回头，我看见了站在门槛后白鬓如霜的她，那头银白，不是粉刷的白，是明晃晃的几根黑发在万丛银光中熠熠生辉，就好似万片白梨中，探起头的几朵粉嫩……

想起在大都市互相竞争的我们，只能寻求故乡的树变来的案底白纸，心中不免怅然：我在多少杂乱无章中忘记了故乡的梨花？

故乡的梨花，是邻里的好客热情；故乡的梨花，是亲人的温暖召唤；故乡的梨花，是远山一带的沉吟：归途，在哪？

回城市的路上，我还在久久回望已经模糊的乡貌，车里放着歌：

"乘着绿色的奔放／车在飞驰／我一味地逃脱／企图远离城／远离城的喧嚣／我在躲闪着金属的世界／渴求着绿色／向它们出发……"

想起乡貌的远去，梨花也即将凋谢，心中不免失落……

从往事的河浮出来，我全身被打湿了。

尤其是泪光……

# 写作教学应该这样发力
## ——浅谈关于写作教学的三点思考

贵州省铜仁第一中学　曾晓玲

写作教学一直是语文教学中的"老大难"问题，我结合写作教学的实际，始终感到写作教学是一件不易见效的难事，"教师难教，学生难学"，怎样提高写作教学始终困扰着一线语文教师。本文拟就此进行探讨。

### 一、少教多学，以读促写

"少教多学"不能理解为字面上的教师少教、学生多学。"少教多学"意味着教师要唤醒学生，激发学生的学习兴趣与潜能，让学生乐学善思，从而引导学生自主创新学习。

在高中繁忙的学业生涯中，语文"高耗低效"的学科特点把学生的精力"赶"去了数理化等学科阵地。学生无心对待语文学科，阅读更成了少数阅读爱好者的"专利"。阅读是写作的根基，固然学生知晓阅读对于语文学科的重要性，然每让其阅读文学名著，便会听到"没有时间"之类的呐喊。鉴于此，我专门开设阅读课，每周一次，让学生有时间拿起名著，慢慢品尝名著的味道，激发阅读兴趣。为了齐抓阅读的广度与深度，我引导学生定期开展读书报告会，让学生分享自己的阅读成果和体会，并评比每月"阅读之星"，以在班级营造热爱阅读、交流阅读的浓厚氛围，从而培养学生自主阅读的良好习惯，这样的阅读习惯宜从高一入学就全面抓牢做实。

此外，在教授课文的过程中，应该根据所教内容和文本特征，厘清作者的写作思路，引导学生去理解作者写了什么、怎样写的、为什么这样写，从而领会为了特定的表情达意需要,作者的构思、语言等所呈现的特点,可精心设计一些便于操作的随堂练笔,加以检验,让学生巩固提升,学以致用。例如,在学习《劝学》这篇课文后,我就结合实际,要求学生仿照《劝学》的论证思路与方法,写一篇300~500字的小文章,主题是"劝告家里的长辈在新冠肺炎疫情防控期间不要出门"。长此以往,学生自然能从读中学写,做到真正的读写结合,教师切不能在实际教学中将读与写割裂开来。

### 二、立足学情,差异指导

在实际的写作教学活动中似乎还存在这样的现象:写作之前,教师讲解相应写作知识,指导学生审题立意;写作之后,教师精批细改,讲评作文"满堂灌""一刀切"。这就意味着教师缺乏对学生写作过程的指导,忽略了至关重要的环节。

写作是一项具有差异性的活动,学生的写作水平亦是参差不齐的。教师不仅要研究学生的写作文本,更要在学生写作时留心观察其写作行为,以切实掌握学生的写作学情。只有准确了解学生在写作实际中大大小小的困难,才能给予针对性的有效帮助。

写作教学需要因人而异。有些学生对写作本来就富有天赋且饱含热情,这就需要语文教师鼓励他们创作投稿,鼓励他们大胆创新,争取让学生在各类征文竞赛中多获奖,在报纸杂志上发表文章等,尝到"成功的甜头",进一步激发其创作热情,从而提升其写作水平。而少数学生可能会"词不达意",无法做到"文从字顺",这就需要语文教师想方设法提高他们的书面表达能力,加强字词、标点、修辞等基础知识的学习,平时注重优美文学性语段的积累,有意识地尝试多重表达,让这部分学生能够顺利地将心中所想转化为文字书写。有的学生疏于对时事热点的关注,懒于对主题素材进行归纳整理,这时语文教师需要为其提供必要的写作支架——组织学生定期裁制班级报纸、发放热点阅读资料,并教给学生主题内容的生成策略,引起学生对于写作"无米下锅"的重视。

### 三、多维讲评，一课一得

我所任教的班级，多则 62 人，少则 51 人，偶有代课任务，几个教学班级同步进行写作练习，无疑是一项浩大的工程。而让我感到不堪重负的一个很大原因在于——每一次作文都精批细改，企图面面俱到。这并非个别现象：教师精批细改提出意见，在批阅作文过程中记下评讲要点，而后将典型文段拍图做成课件……费时费力不说，等学生望眼欲穿终于拿到作文时，往往看一看分数和评语便作罢，因为学生在写作过程中的感受已经模糊了，听评兴趣也随之消尽。长此以往，师生双方对写作的热情都受到不同程度的消磨。

反思之下，我听取"百家之言"，最终决定仿效同仁快速批阅的方法：周内完成"写—批—讲"三部曲，并把"重师批阅"的重心转化为"重生修改"。在教师快速批阅并已经点评的基础上，根据实际挑出几篇典型作文，按人数将学生分成几个小组，教师评讲结束，小组学生充分讨论并对所分到的典型作文进行修改，要求学生人人参与，分工合作，最终形成几篇修改后的佳作，由学生小组进行二次讲评。

"写—批—讲"的最终目的无非是提高学生的写作意识与写作能力，而教师一力批阅、精批细改，讲评方式单一，实为费时费力，收效甚微。让学生参与修改、讲评，如此既能减轻教师的教学负担，又能培养学生的写作责任意识与自我批改能力，从而切实提高写作能力。值得注意的是，每一次讲评要有具体内容、有侧重点，争取一课一得，在学生小组进行二次讲评之后，又可进行新的写作任务，让学生在这样往复的练习中学会规避"踩过的坑洼"。

写作教学是一场持久攻坚战，需要师生双方打消心中的畏难情绪，在日常教学中立足"少教多学"教学范式，读写并重，以读促写；在写作过程中立足学生写作实际，关注写作困难的学生，进行差异指导，并提供必要的写作支架；在讲评过程中，着重培养学生的写作责任意识与自我修改能力，讲评有侧重点，争取一课一得。只有师生齐心迎难而上，绵绵用力，久久为功，方能破茧成蝶。

## 清月照乡里，游子述乡情

铜仁市第八中学　钟洋洋
指导教师　向俊燕

各位观众朋友：

　　大家好！

　　欢迎收看《徜徉天地》，我是主持人洋乐。今天，我们来聊聊我的家乡，一个被青山环抱、绿水盘绕的人间仙境——贵州。

　　"千山重叠逼霄汉，万水回转扭乾坤。"贵州的山水是这片天地的宝藏。那一座座高耸入云的山峰是一头头匍匐低吼的野兽，蓄势待发的气势令人望而生畏；它们是久经沙场的老兵，悠悠的时间长河无法磨灭它们的意志；它们是无私的奉献者，以己之身躯养育了无数的生灵。矗立在这片天地间的青山，是贵州人民精神的图腾，它们承载着人们对安宁生活的美好愿景，也承载着世世代代人的幸福，无论游子漂泊到何地，心中都有一份温暖的牵挂。

　　贵州的水分两种：一种是山中的精灵——山泉，在老树旁、板桥下总能捕捉到它们的身影，它们唱着歌、跳着舞，欢欢喜喜地流下山去，最终藏进矮木丛中，它们从石上的青苔滑过，就像王维所说的"清泉石上流"；另一种便是山里的勇士——瀑布，与山泉那轻松欢快的模样截然不同，瀑布以无比磅礴、一往无前的气势，如正在奔腾的千万骑兵直冲而下，水花四溅，迸出了撼天动地的壮烈，可赛诗仙口中的"飞流直下三千尺，疑是银河落九天"。

　　"荒草斜径闪灯火，云林深处隐人家。"生活在这片灵气山水中的村民，十分的质朴勤劳。清晨，村民们便会在鸡鸣声中起床，当天边泛起鱼肚白时，几乎所有的村民都出动了。这时候，炊烟从木房顶的烟囱里涌出，躲进清晨的浓雾中，于是，浓雾将山谷笼罩着，多了一股炭香。早饭后，他们便开始了一天的辛劳，有的人到田里耕种，有的人去集市做买卖，回家时天色已晚，皎洁的月光在林中闪烁，洒在叶茎上、绿草间、石缝里，照亮了他们一天的疲惫。

"美酒可堪神仙酿，佳肴更赛满汉席。"在这崇山峻岭之中，孕育着无数的美味，古人云"靠山吃山"，勤劳的村民们让它们以不同的形式摆上餐桌，香软黏糯的糍粑、筋道爽口的锅巴粉、香飘十里的羊肉粉和软滑可口的米豆腐等，是不是听着就让人口舌生津，想要大快朵颐一番？特别是逢年过节的时候，家家户户都做起了各种美食，香气四溢，霎时整片天地都沉浸在浓郁的芬芳之中，一草一木都在享受这美妙的香气。

听到这里，观众朋友，您是否有了新的旅行目标？这里奇秀壮丽的地理风貌、纯朴勤劳的山中居民、香飘十里的美味佳肴欢迎您的到来。

本次节目到此结束，谢谢观看，我们在下周同一时间再见。

# "少教多学"理念下的高中语文作文教学尝试

铜仁市第八中学　向俊燕

作文是语文学科的半壁江山，也是高考语文试题当中占分最大的一道题，所以作文教学显得尤为重要。现在存在着这样一种现象：平时的作文课堂教学，学生并不感兴趣，教学效果也不好，甚至出现教与不教一个样的说法。但实际上，作文又不能不教，"少教多学"理念的出现和实践为作文教学提供了一些思路。"少教"即有启发性地教、有针对性地教、有创造性地教、有发展性地教；"多学"即学生在教师的引导下走向深度学习、积极学习、独立学习。

"少教"不是不教，而是有创造性地教。近两年的高考作文非常注重对实用类文体的考查，出题人会给考生一些材料，并给出特定的写作情景，然后要求写作。所以，让学生明白命题的本质是什么是有必要的，可以通过历年的高考真题和《人民日报》的时评文章来实现这一目标。

在高考真题中，一个概念的出现可以是原概念直接出现，也可以用某个例子来解释概念，还可以用某个意象来解释概念。比如，2017年北京卷"说纽带"，考查了一个时政热点"一带一路"，而2017年全国Ⅰ卷"老外眼中的中国"的关键词的第一个就是"一带一路"，2017年全国Ⅰ卷还是对2017年江苏卷"车"题面的解释。也就是说，三个题在本质上没有什么区别，都是把中国的现实呈现在考生面前，让考生从中提取出方法论，用相应的方法论来解决现实的问题和自己的问题。想要真正地践行好"少教多学"的教学理念，给学生找的第一个载体就是历年的高考真题，带领学生分析题面，看到隐藏在材料背后的东西。

一个概念在命题中也有它的延展形态。比如，2019年上海卷的"中国味"围绕"音乐"来说，命题中谈论的对象变了，但仔细一分析，本质上和2017年的"车"没有什么不同，都是讲中国的发展。2020年全国卷Ⅱ"共创未来"演讲稿，呈现的还是中国的现实，不过是在新冠肺炎疫情这个大背景下，中国是如何来应对新冠肺炎疫情的，世界人眼中的中国又是怎样的。因此，当年的高考作文都与新冠肺炎疫情相关，那么考生要做的是从中国人应对新冠肺炎疫情的现实问题中，提取出方法论，然后用来解决现实的问题和自己的问题。2020年天津卷的"中国面孔"更是如此，出题人绝不是让考生写中国人外表长什么样子的，而是在新冠肺炎疫情大背景下，不同的人有不同的表现，他们身上都体现了中国精神，即"天下兴亡，匹夫有责"。所以，现实世界是很好的写作灵感，研究高考真题，探究背后的方法论，学生才能更好地"多学"。

命题立意的目标是解决现实问题、自己的问题。例如，2021年的八省联考适应性考试作文题，给的是"抗美援朝"的历史事件，有些学生看到作文题目，不免会产生疑问，自己对抗美援朝不了解，就写不出来了，很明显，这其实就是历史思维方法，追求事件的翔实。出题人不需要你对历史事件有细致的了解，而是要你从抗美援朝当中提取出"勇与和"的精神，用这样的方法论解决新冠肺炎疫情这场战役，解决我们自己生活中的困难。出题人有自己的考量和导向，塑造关心现实、提供方案的人才至少是其目标之一。

第二个载体就是《人民日报》的时评文章，语文试卷的阅读材料、写作的主题和素材都来自中国的现实。《人民日报》是人民的报纸，用的也是人民的视角、人民的思维。读《人民日报》，能学会用超越个人直觉来为大众想问题的方法，能用官方思维而不脱离人民利益，这才能让我们学习真正的文学思维，在感性外，还有一份看透现实的理性。

这是人民日报社中一位亲历过胡乔木审改《人民日报》社论的评论员的回忆：

"从选题到立论，从标题到全篇，从理论到政策，从观点到材料，从谋篇布局到层次结构，从引语数字到标点符号，经过他的细心掂量和推敲，但凡有什么毛病、偏差和缺欠，都难以逃过他的眼睛。他对文稿中的一个概念、判断和推理，每一个表述和提法，都力求准确、恰当、贴切、得体，合乎实际、合乎逻辑、合乎政策意图。有人说胡乔木同志看稿时心中有一把精密度很高的尺子，一篇文稿用我们的尺子衡量似乎还蛮不错的，而用他的尺子衡量就不合格了，甚至基本上不能用。我们起草的评论稿到了胡乔木同志手中，极少有一字不改通过的，相当一部分做了较多的修改，有不少稿件改得面目全非，还有的他另起炉灶重新改写。"

以这样的标准来要求《人民日报》的内容，仔细一读，这样的标准不就是我们平时对学生写作文的要求吗？《人民日报》时评的准确性和严谨性很值得高中生学习，并用在自己的写作当中。

知其然，还要知其所以然。学生明白了命题的本质是用文学的思维去思考问题和解决问题，要关注现实、关心人。那么，学生在写作中就会转变自己的思维，从原来的"一看到作文材料就想我要用什么素材"到后来的"文章的立意是什么，文章的结构是什么"。所以，根据"少教多学"的教学理念，我们教给了学生一种思考问题的方法，让学生有具体可操作的方法去看文章、写文章。

在实际的教学中，我带领学生做得更多的就是对作文底层逻辑的思考与探究，当然，具体的考场写作技巧也会讲到，但是明白最底层的逻辑思维，是教给学生一种思考问题的方式。这样也能更好地实践"少教多学"的教学理念，讲了一种思维之后，学生就会用这种思维方式去阅读素材与范文，具体分析文章，找到可供借鉴的点，最后用在自己的写作当中。"少教多学"给我们提供了一个可供教学借鉴的好理念，具体的操作方法还要执教者自己根据具体情况去制定，用教学实践去检验不同的方法。在以后的教学中，教师应该做更多的作文教学探索，更好地践行"少教多学"的教学理念，真正地让教学理念落地，最终服务于我们的教学，提高学生的语文学科素养。

## 特邀教师作文教学心得分享

# 善用教材挖掘议论文的结构模式

贵州省铜仁第一中学　杨　榕

结构，是指文章的开头、线索、层次、过渡、照应、结尾以及谋篇布局等安排。完整的结构、清晰的层次，能让评卷老师对文章的内容一目了然，从而欣然、大方地评定等级分数。日本作家小林多喜二曾说："正如'结构'二字的字面含义一样——盖房子，不管你的目的多么高尚，材料多么优良，如果盖得不好，摇摇晃晃，结果是毫无用场的。"这段话形象地揭示了文体结构对于文章的重要意义。

人教版高中语文教材对议论文写作能力的培养相当重视。其写作知识以专题的形式安排在必修3和必修4，必修3第三单元是古代议论性散文，必修4第三单元是杂文、随笔。这些文章开头与结尾的起合，过渡照应的转承，段落的合理安排，为学生写议论文时安排结构提供了许多有益的写作借鉴。

**一、孟子《寡人之于国也》的"四步法"结构模式，提出问题、分析问题、解决问题（联系实际）**

第一部分（第1段）：提出"民不加多"的疑问。梁惠王认为自己对国家已经很"尽心"了，可还是和邻国之政无大差别，"邻国之民不加少，寡人之民不加多"，这是为什么呢？

第二部分（第2段）："孟子对曰"至"则无望民之多于邻国也"分析

"民不加多"的原因。"以五十步笑百步"分析得出结论，梁惠王和其他国君没有本质区别，只是在形式和数量上不同而已。这里暗示着梁惠王搞小恩小惠并不能使民加多，要使民加多，必须施仁政、行王道。于是文章就自然而然地由第二部分过渡到第三部分。

第三部分（第3段）：解决"民不加多"的问题。阐述了孟子"仁政"的具体内容和王道之成的道理，孟子指出从"农""渔""林""教育"等方面使人民"养生丧死无憾也"，使"七十者衣帛食肉，黎民不饥不寒"，就可以使"民多"了。

第四部分（第4段）：联系现实，阐述使"民加多"应有的态度。这一段照应文章的开头。梁惠王口口声声说"于国尽心"，可是"狗彘食人食而不知检，涂有饿莩而不知发"，哪里谈得上"尽心"呢？如果此种现状不解决，空有合理的措施，统治者没有合理的态度，当然会"民不加多"。最后一句"斯天下之民至焉"回答了开篇梁惠王提出的"民不加多"的疑问。

孟子的文章从表面看，铺张扬厉，似乎散漫无纪，实则段落分明，层次井然，而且环环相扣，不可分割。这篇文章三部分的末尾，依次用"寡人之民不加多""则无望民之多于邻国也""斯天下之民至焉"，既对每一部分的内容起了画龙点睛的作用，又体现了各部分之间的内在联系，把全文各部分连成了一个有机的整体。

## 二、韩愈《师说》的"起承转合"结构模式

第一段"起"：提出中心论点"古之学者必有师"，紧接着正面概述教师的职能和任务是"传道、授业、解惑"；然后转而论述从师的必要性，无师不能解惑；最后正面论述择师的标准，凡先闻道者，都可为师，并归纳为"无贵无贱，无长无少，道之所存，师之所存也"。

第二段"承"：古今纵横对比论证，反面批驳"师道之不传"即时人"耻学于师"的危害性，从而论证不耻相师的重要性。先提出分论点"师道之不传也久矣，欲人之无惑也难矣"；接着用"古之圣人"与"今之众人"智慧高低、对师态度和结果进行对比；再以当代众人自身和其子所学，论述虽择师教子，但"小学而大遗"，是不明智之兴；最后用"巫医乐师百工

之人"与"士大夫之族"对师态度和智力高低进行对比,并以"师道之不复"照应段首的观点。

第三段"转":举例引用论证"圣人无常师",以孔子为例,并引用孔子名言为证,最后得出结论师徒各有贤愚,闻道各有先后,术业各有专攻,应该互相取长补短,照应第一段的结论。

第四段"合":为作者的现身说法,以自己和弟子相师为例,与时俗对比,既举"今之弟子"李蟠为尊师好学的例子,与当代士大夫之族"耻学于师"暗中对比,又借对其嘉奖以复师道之古风,照应开头"古之学者必有师",一举多得。

古往今来人们公认的文章写得好的当属"唐宋八大家"的文章。韩愈的《师说》、苏洵的《六国论》,它们的论证结构都是"起承转合",起:开头、开端、点题、表明观点、总起、立论;承:承接上文加以表述;转:转说开去,一种是从另一面或反面说,讲不同的意见,另一种是采用推进一层的写法,转入深处;合:收束全文。"起承转合"的写作体式好处:以这种结构格式写出的文章,一可以眉目清楚,二可使内容丰富。

### 三、鲁迅《拿来主义》的"先破后立"结构模式

议论文中阐述自己的观点叫"立",批驳别人的观点叫"破"。在必修4中,鲁迅先生的《拿来主义》要论述的是"拿来主义",但是文章的开头并没有直接切入正题,而是先否定了"闭关主义"和"送去主义",又批驳了"送来主义",按照一般写议论文的思路,在文章的第一部分就应该把观点亮出来,而这篇文章的观点到第七小节才提出来,先破后立,相得益彰。前者破得越彻底,后者立得就越有力;"送去主义"的危害揭露得越深刻,实行"拿来主义"的理由就越充分。因此,从揭批入手,再转入正面论述,显得水到渠成,立论更鲜明有力。

毕淑敏的散文《我很重要》也采用了"先破后立"的手法,文章开头作者说"当我说出'我很重要'这句话的时候,颈项后面掠过一丝战栗。我知道这是把自己的额头裸露在弓箭之下了,心灵极容易被别人的批判洞伤。许多年来,没有人敢在光天化日之下表示自己'很重要'。我们从小受

到的教育都是——'我不重要'。"指出现实社会中一系列的看似合理，实则荒谬的观念"作为一名普通士兵，与辉煌的胜利相比，我不重要；作为一个单薄的个体，与浑厚的集体相比，我不重要；作为一位奉献型的女性，与整个家庭相比，我不重要；作为随处可见的人的一分子，与宝贵的物质相比我不重要"。接着提出问题"我们——简明扼要地说，就是每一个单独的'我'——到底重要还是不重要？"然后通过"立"来说明"我很重要"，最后提出"让我们昂起头，对着我们这颗美丽的星球上无数的生灵，响亮地宣布——我很重要。"

### 四、《过秦论》的"卒章显志、叙议结合"结构模式

"卒章显志"是指在文章结尾用一两句话点明中心、主题的结构手法，也叫篇末点题。"卒"为完毕，"志"是指文章的主题、中心。必修3中的《过秦论》采用"卒章显志"的结构模式来行文。全文共五个段落，除了最后一段，前者均在叙事。第一部分（第1段~第4段），叙述秦王朝的兴亡。第1段写秦王朝的崛起。第2段写秦国势力的进一步扩展。第3段写秦始皇统一天下，秦朝走向极盛。第4段写陈涉起义和秦王朝的覆灭。这部分摆事实，以史实为论据，以时间的顺序来叙述秦兴亡的过程。但是"述而不作"，未加评论。其实，文章正是以前面的叙述，拿秦朝兴亡的史实作为论据，来论证中心论点为第5段服务。第5段，"卒章显志"，提出中心论点"仁义不施而攻守之势异也"。前面的全部叙述都是为服从于阐述这一论点而加以剪裁组织安排的。

唐代杰出的现实主义诗人白居易在《新乐府序》中说："首句标其目，卒章显其志。"在文章结束时，作者将要表露的胸怀、志向很自然地说出来，给人一种鼓舞和向上的力量。恰当运用这种手法可以增加文章的深刻性、感染力和结构美，有画龙点睛的艺术效果。我们的经典诗歌中也大量使用这种结构。如杜甫《望岳》的尾联"会当凌绝顶，一览众山小"，再一次突出了泰山的高峻；"会当"意即"一定要"。这两句还富有启发性和象征意义，表达了一切有所作为的人们所不可缺少的一种精神，即不怕困难、敢于攀登绝顶、俯视一切的雄心和气概，以及卓然独立、兼济天下的豪情

壮志。再如，李白《行路难》"长风破浪会有时，直挂云帆济沧海"化用了刘宋时宗悫所说的"乘长风破万里浪"，李白相信尽管前路障碍重重，但仍将有一天挂帆横渡沧海，到达理想的彼岸。他那种积极用世的强烈要求终于使他再次摆脱了歧路彷徨的苦闷，唱出了充满信心与展望的强音。

　　"结构"是高考作文评分标准的重要指标，但是在高考作文评分标准中，"结构完整"事实上已被"字数要求"所消解，而"结构严谨"因评卷时间与理性的受限也往往疏于判断，但是我们依然要搭建好作文的结构，再结合新课程标准"实施建议"中的"表达与交流"的要求作文。新课程标准"实施建议"中的"表达与交流"的部分里写道："在写作教学中，教师应鼓励学生积极参与生活，体验人生，关注社会热点，激发写作欲望。引导学生表达真情实感，不说假话、空话、套话，避免为文造情。"这里的"真情实感"，并不是教师所认为的真情实感，或者文中人物是否有真情实感，而是学生写作时的态度是否为真情实感，字里行间是否渗透了学生们的真情实感。所以，无论在什么情形下，作文都必须坚持一条原则：我手写我心。作文的创新也好，起熏陶作用也好，都是建立在独立人格（个性）的基础上的。展现个性，展现个人化的生活和情感，是新课程标准下作文教学的精髓。

# 写富有想象力的文字

贵州省铜仁第一中学　王玫君

## 一、关于想象力

你撒过谎吗？撒谎时是不是有时自己都会相信？你幻想过没发生的事吗？是不是还经常会有故事情节？当你向别人讲起自己的某个经历时，你会不会故意夸大其词，以便吸引别人的注意力？

如果答案是肯定的，那么，恭喜你，你是一个富有想象力的人。

想象力是与生俱来的一种能力。我的儿子曾经执着地把自己当成"奥特曼"，几乎所有的女孩子都想象过自己的王子降临的场景。但大人的世界规定了有些事不可以做，有些事不能做，有些是真的，有些是假的，慢慢地，我们在这些教导中成长起来了，变得求真实、求务实，变得失去了大胆想象的能力。

可就算想象是一种无中生有的巫术，谁也不能剥夺我们想象的权利。爱时，你可以在想象中和他一起肩并肩走出教学楼，在通往食堂的路上，你在他眼中裙裾起落；恨时，你也尽可以想象让他的脸在你的一拳之下开花。

当我们任由情感的指使，让内心的诉求超越事理；当我们的文字打破逻辑与现实的限制，我们的文字就成了充满想象力的文字。

## 二、富有想象力的文字

能让读者生出画面的文字叫作富有想象力的文字。

人在难受的时候，是会爱上看日落的，这是许多人喜欢看《小王子》的原因。

　　在小王子那颗只比一座房子大一点的可爱星球上，想要看日落，只需拖着椅子走几步就行了。"有一天，我看了四十四次日落哩！"读到小王子的这句话，我的眼前其实是浮现过画面的：一个小小的人儿坐在一只小板凳上，双手撑着头，孤零零地看着眼前的落日，微风拂过他脚下被落日染红的小草，小王子金色的头发和围巾在空旷的背景里轻轻飞舞。

　　我所描述的这个画面是我，一个普通读者的想象，我把能让读者生出画面的文字叫作富有想象力的文字。

　　我的一个学生在作文中描述过他小学学过的一篇课文，写一个小女孩从出生起就没见过光明，但她十分开朗，每天都会去家附近的公园。一次，一只漂亮的蝴蝶落在她手上，小朋友对她说："有一只五颜六色的蝴蝶在你手上。""五颜六色是什么样子？"小朋友说不上来，但小女孩却很高兴，因为她想象着五颜六色的样子笑了。

　　想象着"五颜六色的样子"！是的，我们可以把"五颜六色"这个依靠视觉感知的画面变成炙热的照在女孩手臂上的阳光，变成女孩曾经感受过的微雨凉风、果香回声，描述给盲眼的女孩儿听。

　　这些自由的描述，这些能让女孩"眼前"与"心中"交融的画面，我们称它为富有想象力的文字。

　　在北京大学卖纪念品的商店里，我见过一种钥匙扣，青花瓷的花瓶模样，有行楷书："如传世的青花瓷，自顾自美丽。"北京大学"自由独立""兼容并蓄"的传统像什么？我想，一定像传世的青花瓷——色彩单调、图案简洁、寂寞隽永。"自顾自美丽"又令我想到一个身着旗袍的东方女子，是啊，无论社会如何向前，人心如何不古，她都兀自芬芳，散发着动人的人文情怀。

　　文字简洁到没有主语，却唤起了我一重又一重的想象，我把这个新鲜的能让读者生出画面的比喻叫作富有想象力的文字。

　　"为了寻找你，我躲进了鸟的眼睛，盯着路过的风"，完全不记得这句诗的出处了，但是看过一眼之后，我却再也无法把它从心里拔出，虽然我的记性越来越让我失望。

我找寻你的身影,一张张面孔看过去,直到路上只剩了风!不,你应该是我无法笃定的情感,我哪敢这样的明目张胆?我让自己藏进了树上那些鸟的眼睛,这样,我才能从高处盯着那些——路过的人,放肆地找寻你的身影。

三句短诗,让我天马行空地揣测着诗人面对无法企及的"你"生出的卑微而又坚定的渴望,我把能让读者生出无数揣测、无限想象的文字叫作富有想象力的文字。

生一双多情的眼睛,是一切富有想象力的文字的源泉!

**三、想象从深情的凝视开始**

这个世界脾气特别古怪,你必须凝视它,它才会把大门打开,让你看到它里头的风景。天使把我们送来人间,小心赠予了我们一双眼睛,这双我们倍加珍爱的眼睛一辈子其实只有两个动作:一个叫扫视,一个叫凝视。

当你深情地凝视这个世界,你的文字就能还原出当时的情境,比拟出它的形象,猜测到它的内心世界,你的文字就能让读者生出无数的画面。

(一)还原当时的情景

> 草在结它的籽,
> 风在摇它的叶,
> 我们站着什么都不说,
> 就十分美好。
> 门是矮矮的,
> 有阳光照进来,
> 我们靠着什么都不说,
> 就十分美好。

草的形象,风的姿态,矮矮的门,暖暖的阳光,我们的沉默和知足,一切尽在对当时情景的还原中,这是根据顾城《门前》改编的歌词,这样还原情境的文字是富有想象力的文字。

有时候,也许你只需为病人擦一点红药水,开几颗阿司匹林,但也有时候,你必须为病人切开肌肤,拉开肋骨,扒开肺叶,将手术刀伸入一颗深藏在胸腔中的鲜红心脏。

> 你倾听垂死者最后的一声呼吸,探察他的最后一次心跳。你开列出生证明书,你在死亡证明书上签字,你的脸写在婴儿初闪的瞳仁中,也写在垂死者最后的凝望里。

这是张晓风写给医学院毕业生的寄语,医生有着怎样神圣的职责,作者只是还原了无影灯下、病房产房的几个镜头,就让我们对这个职业有了足够的想象,这些还原医生工作场景的文字也是富有想象力的文字。

> 昨天已经消逝在这车水马龙的人事纷扰中,往后途径长街,我还是会想起你,"木心,木心",一声声淡淡的轻吟都是你!

这是学生写的《从前慢》的赏析片段,"木心,木心",还原的只是一声呼唤,读者的耳边却也有了一声声淡淡的轻吟,这样还原听觉场景的文字也是富有想象力的文字。

(二) 比拟你心中的形象

> 只仿佛清朝官场端茶送客时把嘴唇抹一抹茶碗边。

这是钱钟书在《围城》中写方鸿渐对苏小姐的一吻,这是迫于情面、心一软的匆匆一吻。其实作家并不都是小心翼翼地单纯地去描写眼前的"表",他们深知,用平凡的一句话去比拟有相同点的另一事物,便能激发读者若干自由的想象。

>>> 薰 风 集

我的寂寞是一条长蛇
静静地没有言语
它是我忠诚的侣伴
心里害着热烈的相思
它想那茂密的草原——你头上的、浓郁的乌丝

怎么写相思的寂寞挥之不去、排遣不了呢？我想诗人冯至一定满怀悲悯地凝视过静静地缠在树上不能言语的长蛇，不然，他的文字无法唤起读者对相思病人最刻骨铭心的大胆想象。

关于碧落嫁后的生涯，传庆可不敢揣想。她不是笼子里的鸟。笼子里的鸟，开了笼，还会飞出来。她是绣在屏风上的鸟，年深月久了，羽毛暗了，霉了，给虫蛀了，死也还死在屏风上。

这是张爱玲短篇小说《茉莉香片》里的一个比喻，"茉莉香片"，是个温馨典雅的名字，背后，却是生命的苦味。这一小段文字中大胆刻薄的比喻让我们对碧落嫁后的不堪有了足够的想象空间。

朱光潜在《谈美》中这样写美，"美不完全在外物，也不完全在人心，它是心物交媾后所产生的婴儿"；郁达夫的笔下，少年的悲哀是场"易消的春雪"；英国学者约翰·堂恩也有这样的诗句，"谁都不是一座岛屿，每个人都是那广袤大陆的一部分"。其实无论"是"还是"不是"，这些暗喻的文字都能让读者的眼前涌现出"干净懵懂的婴儿""一场薄薄的春雪""一座岛屿"或是"广袤的大陆"的形象，挥之不去。

我们把能让读者生出想象的比拟性的文字叫作富有想象力的文字。

（三）猜测它的内心世界

即使被按着，无法正对世界，你，竟也狠狠地挤出了那触手——那不甘埋葬在屈辱里的触手。嚣张的黄色，是你对世界的挑战，是你心中将要爆发的沉寂了几亿年的火山，然后，然后你

就要燃烧整个世界。

这是学生的看图作文的片段,我出示的是凡·高的《向日葵》,作者大胆地赋予了画面形象以生命,对其中一朵向日葵的内心进行了主观猜测,让读者生出想象,生出对凡·高笔下的向日葵生命态度的期许,我把这种因凝视而大胆猜测的文字叫作能让读者生出想象的文字。

> 终于,十一岁的我来到了你所在的城市。
> 早晨,你叫我起床,带我去你常去的早餐店。<u>大概是分开得太久</u>,我和你总是一前一后地走,你大脚走在前面,我在你的身后小跑跟着,<u>也许是你还不习惯照顾年幼的孩子</u>,常常是走出了好远,你才想起后面还有个女儿,于是你不安地搓着你那双大手,停下来等我,每一次,我都局促地在你的注视下跑到你的身边。
> 那天,我们在红绿灯前停下,我看见,就在马路对面,一个和我一般大的女孩儿,被父亲牵着,父亲俯身向着她。他们在说着什么,我听不清楚,但我能感觉<u>女孩儿被宠爱着的幸福样子</u>。
> 我的目光转向了你的手:宽大、厚实,<u>能包住我的整张脸</u>!突然,我就有了想被这双手牵住的想法,可是<u>主动去牵父亲,我又有些胆怯甚至害怕</u>。正当我犹豫不决时,你牵起了我,向斑马线走去。

画线句子不多,但一个胆小的善良的女孩在陌生父亲面前的所有的不安和渴求却能唤起读者自己生命的体验,这是富有想象力的文字。

**四、富有想象力的文字的运用**

(一)在叙事性的文字里,能让读者生出无限想象的文字是一种常态

因为当我们凝视这个世界时,我们就可以借助还原情境、比拟形象和大胆猜测的方法让读者驰骋自己的想象,感受我们所描绘的这个世界。下

面是《呼兰河传》的节选，观察画线句子，你一定能体会一个女孩儿的幼小顽皮和整天的无所事事。

　　黄瓜的小细蔓，<u>细得像银丝似的</u>，太阳一来了的时候，那小细蔓闪眼湛亮，那蔓梢<u>干净得像是用黄蜡抽成的丝子</u>，一棵黄瓜秧上伸出来无数的这样的丝子。丝蔓的尖顶每棵都是<u>掉转头来向回卷曲着，好像是说它们虽然勇敢，但到底它们也怀着恐惧的心理</u>。还有一棵倭瓜秧，也顺着磨坊的窗子爬到房顶去了，在房檐上结了一个大倭瓜。那倭瓜<u>不像是从秧子上长出来的，好像是由人搬着坐在那屋瓦上晒太阳似的</u>，实在好看。

　　（二）在抒情和论述性的文字里，能让读者生出无限想象的文字是抒情和议论的基础

　　　　<u>刺眼的屏幕上，是一个正在拍摄的打斗现场，这是周星驰主演的《喜剧之王》的开场。一个想露露脸的龙套演员扭红了脖子在喊："努力，努力！奋斗，奋斗！"</u>
　　我知道这四个字对于一个人人生的分量，于是，我也捧出了我年轻的心。
　　我这颗年轻的心，它不甘落后，努力自强。

　　上面的画线句子还原了电影开场的场景，这些能唤起读者想象的文字是为了引出文章后面论述性的文字。
　　再来看下面的文字：

　　　　<u>你，我这颗年轻的心啊！</u>
　　<u>我剖开胸膛，连着血肉拉出你来，你还在怦怦跳动，虬结的血管布满你的全身，你丑陋狰狞活像一块烧红的烙铁。</u>
　　<u>我年轻的心啊，你阴郁而暗藏澎湃，冷漠而内里深情，世故</u>

而仍旧天真。

你爱，所以你嘲笑我的鄙夷。你嘲笑爱，但又见不得一个连爱也不知道的人；你嘲笑人类，却又寄情于这个有他们的世界；你嘲笑世界，可又从中苦苦找寻希望；你嘲笑希望，而又为它高唱赞歌。

你恨，你恨这人世的无情。你恨压迫者的凌辱，你恨旁观者的冷眼，你恨权势者的暴横，恨枝头不再有玫瑰，恨良善者苦苦挣扎却还是艰难度日。你还恨那流水线生产的思想，恨人类无休止的斗争，你恨这司空见惯的一切。

所以面对悲剧与暴行，你报以讥嘲的喝彩；面对天真与勇敢，你心怀悲悯——此为你的最高敬意。七情六欲也许是人类的累赘，但你确实对这世界报以最高的热忱——最高的恨，最高的爱。

我这颗年轻的心啊，又何尝不是千千万万颗同样年轻的心！

上面的文字也是命题作文《我这颗年轻的心》的学生习作片段，作者最深刻的感悟是在对自己的一颗怦怦跳动的"心"凝视之后产生的。

（三）说理容易流为枯燥，借助物象进行形象说理，不失为一种获得理趣的方法

我哪儿还能跑啊！

可当奔跑的信念越积越浓，我就开始用手掌撑起身躯，用双脚支起躯干，我保持清醒，迈出了紧张的第一步，我的每一根脚趾都贴在了地面，我感觉到了自己的存在，大地的回春、骤雨的来临，种种信息交错着从我的脚心流往全身，我仿佛在听一位老人讲述他的身世，我读到了他史前的繁盛，读到了他对每一种生命的怜惜……这种感受驱使我迈出了另一只脚。这一次的接触，让我的全身涌出了力量，于是，我两只脚飞快地交替，我奔跑了起来，树在向后退，云在跟我跑，一切都是那样的贴近和真实。

我尽情地奔跑起来，一路领略着生命的奥义，领略着身边那

一个个奔跑的生命。

如果你想表达脚踏实地的努力,表达为了理想的坚持不懈,你可以去凝视你心中那逐日的夸父,想象他的眼前所见,猜测他的内心所念,比拟他的感悟体验,你笔下这个奔跑的形象一定会被你赋予努力和坚持的意义,并给读者留下深刻的印象。

# 关于提升高中语文作文教学有效性的几点思考

贵州省铜仁第一中学　黄于兰

摘要：语文是一门重要学科，是高考必考科目之一，所占分值很大。其中，作文是语文学科中所占分值最大的项目，因此，教师需要极力引导学生学习写作，提高写作水平。在写作过程中，学生的语言表达能力以及写作技巧都能够得到有效的锻炼，同时，作文也是学生表达情感的重要方式之一。基于此，本文针对高中语文作文教学的有效性分析，仅供广大教育工作者进行参考。

关键词：高中语文　作文教学　有效性　参考

随着素质教育的全面推广，高中教育体系得到了进一步的优化，包括高中语文教学。然而，部分教师仍然受到应试教育和传统教育模式的影响，导致教学效率始终不高，尤其是在作文教学方面。很多高中语文教师都不愿在作文教学上花太多的时间，一心教授学生学习相关基础知识，认为学生只要将字数凑满，分数就不会相差太大。因此，学生的写作水平很难得到有效提高，接下来，本文具体阐述高中语文作文教学中的有效性。

## 一、高中语文作文教学中存在的问题

高中语义作文教学中，主要存在的问题有以下几种。首先，教师缺少具体的规划。一些教师的作文教学模式刻板、单一，只是简单地为学生划分一些范围，要求学生进行写作，缺乏相应的指导，再加上作文教学时间本来就不充裕,导致教学效率一直都不高。其次,教师在评价方式存在问题。教师评阅学生作文的时间往往是学生在完成写作后,简单指出其中的问题,却并没有说出其中的优点以及更为具体的解释说明,导致学生无法正确认识自身的写作情况,无法进行有针对性的写作训练。最后,教师对学生提出的要求太多。部分教师在写作教学中,会对学生提出很多的要求,如必须采取哪种句式、用到哪些素材,开头和结尾应该要控制在多少行之内等。学生在完成教师所布置任务的前提下,无法融入自身的一些观点和想法,导致学生的作文千篇一律,缺乏独特色彩。

## 二、提高高中语文作文教学有效性的策略

（一）多与学生进行互动

高中语文教学中,培养学生的写作兴趣尤为重要,所以教师需要想方设法促使学生对写作产生兴趣,多与学生进行互动就是一种非常有效的方式。在作文教学中,倘若教师只是自顾自地讲课,学生很难参与到其中,因此,互动既是增进师生之间感情的有效方式,也是提高作文教学效率的有效教学手段。每次作文教学中,教师都可以针对作文内容与学生进行互动,例如,教师可以引导学生对《沁园春·长沙》课文中的内容进行赏析,有学生认为最好的一句是"怅寥廓,问苍茫大地,谁主沉浮",教师认可这位学生,因为这一句体现出豪气万千、舍我其谁的壮志豪情,毛泽东的王者之气也展现得淋漓尽致。又有学生认为是"指点江山,激扬文字,粪土当年万户侯",教师也认可这一位学生,这一句字字铿锵有力,同样也蕴含浓烈的情感。教师同时认可两位学生,看似矛盾,实则不然,因为每一个学生看待一篇文章,认为最好的一句也不尽相同,这正可以体现出文学的魅力,激发学生的写作兴趣,积极创作出一些作品。

（二）引导学生自主领悟写作技巧

首先,教师需要引导学生加强阅读方面的积累。众所周知,写作需要积累一定量的素材,否则将会出现无内容可写的情况,尤其是在高中阶段,学生的写作要求大大提高。因此,在作文教学中,教师可以要求学生阅读

大量的文学作品,在阅读到一些优美的语句时,学生可以进行摘抄、积累,提高自身的阅读量和积累写作素材。其次,当学生掌握一定的技巧之后,教师可以要求学生对一些文学作品进行仿写,转换谓语、宾语以及一些形容词和名词,只是参考其写作方式,由仿写直到创新。最后,教师可以要求学生在假期期间阅读一些文章,并写出相关读后感、后记等,学生完全摆脱课堂和教师的束缚,自己选择相关文章,按照自己的意愿进行写作,往往能够领悟更丰富的写作技巧。

(三)引导学生之间进行作文评价

除了多与学生进行互动和引导学生自主领悟写作技巧之外,教师还可以通过引入全面评价的方式提高学生的写作水平。一方面,教师可以针对学生的写作作品进行有针对性的评价,指点学生优化相关的写作方式,指出学生的优缺点,让学生及时进行完善;另一方面,教师可以引导学生之间进行作文评价,相比于教师,学生之间更聊得来,且相处的时间也更长,作为一名高中生,每位学生的眼光也都有其独到之处,学生之间可以互相进行评价,取他之长补我之短,逐步提高写作水平。在教师评价学生和学生之间互相评价的前提下,学生对于写作的兴趣和效率显著提升,能够有效提高高中语文教学的效率。

## 三、总结

总而言之,对于高中语文教师来说,作文教学有效性的提高尤为重要。教师需要充分明确教学中存在的各种问题,如缺乏具体的规划和对学生的要求太多等,制定出有效提高作文教学效率的策略,如通过多与学生进行互动以提高其学习兴趣,引导学生自主领悟写作技巧和引导学生之间进行作文评价等。

**参考文献**

[1]邓丽玲.新课改背景下提高高中语文教学有效性的策略研究[J].新课程(下),2017(23):42.

# 读书破万卷，下笔如有神
## ——我的作文教学三部曲

贵州省铜仁第一中学 宋 哲

**摘要**：俗话说，中学生有三怕：一怕文言文，二怕写作文，三怕周树人。学生虽怕，但其重要性不言而喻，那如何能打破学生的"畏难心理"，帮助他们轻松驾驭这些知识呢？在此，我重点谈谈我的作文教学三部曲，希望能给老师们一些启发。

**关键词**：作文 愿意提笔 关照内心 海量阅读

### 一、愿意提笔

要想写好作文，我们必须先弄清楚，学生为什么不愿意写作文？

首先，什么是作文呢？我认为，作文的本质是"文字表达"，有时候我们心中有某个想法想要去诉说，却又无人可以言说的时候，我们苦恼极了，痛苦极了，急切地想要表达自己，这时候提笔为文，往往文思敏捷，一气呵成，写出的文章也大多感人至深，令人拍案叫绝。

为什么不愿意写作文呢？因为当今发达的网络，扼杀了我们"文字表达"的愿望，所以大家都不愿挥洒墨宝。

当我们想要倾诉的时候，我们可以随时找到倾听对象。或许是自己的妈妈，或许是自己的朋友，或许是素未谋面的网友……无论谁，我们都可以将心中的情感一股脑儿地倒给他，语言表达得体与否我们不必深究，但文字表达的冲动肯定会销声匿迹、无影无踪。再加之网络时代，人言可畏，许多无心之言都会被夸张放大……更别说写文章来表达自己内心的真实想法了,那不是贻人口实、自投罗网吗?久而久之,工作之余的我们习惯于"煲电话粥",习惯于聊微信、逛淘宝、刷抖音,就是不习惯写文章来抒发情感……

不写文章是一种司空见惯的现象,爱写文章反而成了天下奇闻!

依我愚见,这不是某一个人的错,而是时代发展的衍生品。时代在飞速发展,空间距离在慢慢缩短,但人心的距离却不断拉伸,使我们变得多疑敏感,生怕有谁"看清"或者"看轻"了自己!

我无力改变社会,也无意改变社会,我只想我的学生们在遇到开心或烦恼的时候,能最先与自己对话,最先停下来听听自己的声音,而不是急匆匆跑去找人诉说。

于是,我把倾听内心的重要性讲给学生们:很多时候,我们的开心并不能引起他人的共鸣,我们的难过也不能招来他人的同情。这时候,写文章是一个不错的方式,先与自己对话,明白自己为什么开心或难过,进行自我平静或自我开导,这才是通向成熟最便捷的路。

我还告诉他们:这个时代,纷繁复杂,我们迷失在眼花缭乱之中,最后也没有什么收获,拿起笔,不仅是与自己对话,是自省的过程,还是留给未来的自己最宝贵的财富。夜深人静的时候,很多人翻看老照片,很多人翻看年轻时候的文章,同为回忆往事,看照片终归比不上看文章来得扣人心弦,荡气回肠。

这样,学生们大多还是愿意写的,那么,写什么呢?

## 二、关照内心

当学生们愿意提笔之后,我们还要启发他们关照内心。

其实,学生的生活,并非真正的枯燥乏味。大众眼中的学生除了听课就是做题,仿佛生活中唯一的事就是学习。但是,我们都曾为学生,学生生活多么丰富多彩不必赘述,如果能引导学生关注生活中真正拨动他们心弦的事儿,以此入文,文章才能有真情实感,才能真正发挥"表达"的作用。

我以前喜欢教学生"如何吸引读者""如何打动人心""如何催人泪下",后来我发现,这些"技巧"是建立在"感动自己"的基础之上的。作者永远是第一个读者,如果"我手不能写我心",那么无论有多么高超的技巧都无济于事。白居易说"文章合为时而著,歌诗合为事而作",大概就是这个意思吧!

生活中并不缺少美,而是缺少发现美的眼睛,其实生活中也不是缺少发现美的眼睛,而是缺少对生活的热情。当生活中的所有美好成为理所应当,所有苦难成为顺理成章,所有的激情褪去时,我们对生活的热爱也随之褪去……今天只是重复昨天的故事,没什么可创新,没什么可突破,也就没什么可记录。

所以,我号召我的学生们:把生活当成"0",开心了就做加法,遇到烦恼就做减法,久而久之,学生发现生活中会有很多"小烦恼"和"小确幸",对生活的关注度也提高了,随之而来的,就是那一双"发现美的眼睛"。

记录生活,就已经完成了创作的第一步。接下来就是写好作文,如何写好呢?

### 三、海量阅读

杜甫说:"读书破万卷,下笔如有神。"是啊,书读得多,自然会写!那读什么书呢?哪里有时间读呢?

我认为,读自己喜欢的书,自然有时间。以前我总是喜欢让学生读经典名著,这并不是他们的兴趣所在,所以他们就哭喊着没时间,确实,学习压力那么重,怎么有时间读那么厚的书呢?换成热门网络小说就不一样了,换成校园青春文学就不一样了。他们甚至可以在上课时候读,也甚至可以熬通宵读……

问题是他们喜欢的书没营养啊……真的是这样吗?这一类小说真的没有任何有价值的内容吗?几十年前,金庸、古龙难登大雅,如今呢?形势不言而喻。可不可以引导他们从网络小说到金庸、古龙,再到《三国演义》《水浒传》呢?

就像打怪升级一样，先打小怪物，最后打大怪物，一级一级来，不能一上来就打一个大怪物，这样，除了打击积极性以外，很难完成任务。

懒惰是本性，但老师的作用就是"引导"，引导他们对阅读感兴趣，引导他们坚持阅读。

当读书很多时，创作就是水到渠成的事情了。

最后的最后，辅之以技巧讲解，一篇篇好作文就会应运而生的！

其实，每一个学生都是表达者，都是灵动的天使，让我们师生携手"愿意提笔""关照内心"，最终达到"海量阅读""读书破万卷，下笔如有神"的目的，共同打造一个优秀作文的天堂吧！

# 学习写得深刻

贵州省江口中学　肖庆林

摘要：《学习写得深刻》是人民教育出版社高中语文必修5写作单元里"表达交流"的教学内容，在教学的过程中，为了更加形象、实效、便捷地利用好教材，要立足于教材教写作，通过有机结合，融会贯通来教授学习写得深刻，从而达到教学的目的，提升学生的写作素养。

关键词：深刻　以小见大　比较鉴别　缘事析理

我们的作文要想写得深刻，就是要"能透过现象看本质，能揭示问题产生的原因，具有启发作用的观点"，写得深刻，它取决于作者的认知能力、思想水平、表达能力等，国家《高考考试说明》对作文写得深刻做了具体的阐释，这也是我们作文的理论依据和规律遵循之所在。

能透过现象看本质。人们认识事物总是从现象开始的，现象是本质的外在表现，本质是现象的理性概括。如果我们能透过现象的外在形式，深入思考，对现象进行由表及里、去粗取精、去伪存真地加工，就能发掘出事物的本质来，能揭示问题产生的原因。任何事物的存在都不是孤立的、偶然的，有后果就必然有前因，要善于探究事物的本源，以敏锐的目光，借助事物发展变化的脉络，探寻问题发生的原因，从而找到解决问题的方法。观点具有启发作用，所持观点具有丰富的思想内涵，有时代感、有前瞻性并能引发别人思考，产生心灵的共鸣、灵魂的震颤、思想的升华。

我们如何才能写得深刻呢？

### 一、管中窥豹，以小见大

据记载《韩非子·喻老》篇里说，箕子发现商纣王的生活越来越腐败，便经常通过宫中的侍从打听消息。一天，他问侍从："现在，纣王吃饭时还用竹筷子吗？"侍从说："不再用竹筷子，已经改用象牙筷子了。"箕子说："用象牙筷子，还会再使用陶碗吗？必然要配玉器啊。用象牙筷、玉器皿，还会吃一般的饭菜吗？必然要吃山珍海味啊。吃山珍海味，还会住苇草屋子吗？必然要盖楼阁啊。"侍从说："你分析得很对，现在大王正准备盖楼阁呢。"箕子说："以小见大，见微知著，由此可知商朝怕是不会长久了。"箕子从商纣王使用筷子的变化，预见了商朝的灭亡。我们学过史铁生的《我与地坛》，其中有这么一段景物描写："蜂儿如一朵小雾稳稳地停在半空；蚂蚁摇头晃脑捋着触须，猛然间想透了什么，转身疾行而去；瓢虫爬得不耐烦了，累了祈祷一回便支开翅膀，忽悠一下升空了；树干上留着一只蝉蜕，寂寞如一间空屋；露水在草叶上滚动、聚集，压弯了草叶轰然坠地摔开万道金光。"满园子都是草木竞相生长弄出的响动，窸窸窣窣片刻不息。"这都是真实的记录，园子荒芜但并不衰败。"作者尽写小草、小虫子之类的小生命，而不是其他宏大的景物，是因为小草、小虫子也有顽强的生命力，生存能力非常强，对作者有很多的启发和帮助，使作者能够有生活下去的勇气，能让作者和读者产生感情上的寄托和共鸣。这其实就是"管中窥豹，以小见大"，透过现象看本质，写得深刻的好文章。

### 二、纵横驰骋，比较鉴别

白危在《垦荒曲》里说得非常形象"平常没事我喜欢到场里转转，看看人家是咋种庄稼的。不怕不识货，就怕货比货，一比就比下去啦"，我们学习《拿来主义》文章开门见山就指出：中国一向是所谓"闭关主义"，自己不去，别人也不许来，自从枪炮打破了大门之后，碰了一串钉子，到现在，成了什么都是"送去主义"了，因为"礼尚往来"的问题，仅仅送去是行不通的，人家也要送来呀，送来的不一定都是好东西，所以我们要

"运用脑髓，放出眼光，自己来拿"，拿的时候要批判三种态度"逃避主义、虚无主义、投降主义"，还要占有、选择、创新。作者层层递进从"闭关主义""送去主义"中悟到了"拿来主义"，这就是"纵横驰骋，比较鉴别"，透过具有启发作用，写得深刻的好文章。

### 三、按图索骥，缘事析理

列宁的夫人克鲁普斯卡曾经说："如果你的文章正好击在社会绷得最紧的弦上，哪怕你说得很平常，也能得到很大的反响。"所以，我们平时一定要让学生关注社会，通过报纸、智媒体等方式更多地了解现实生活，这不仅可以开阔视野，提高认识，还能学习评判事物的方法。我们学习《游褒禅山记》，作者记了两件事。一是山名考证。从残存的碑文中考证出后人所谓"华山"，实为"花山"，是读音之误。二是游华山洞。前洞地势平坦，游人甚众；后洞窈然，游人渐少。于是作者慨叹道：

"古人之观于天地、山川、草木、虫鱼、鸟兽，往往有得，以其求思之深而无不在也。夫夷以近，则游者众；险以远，则至者少。而世之奇伟、瑰怪，非常之观，常在于险远，而人之所罕至焉，故非有志者不能至也。有志矣，不随以止也，然力不足者，亦不能至也。有志与力，而又不随以怠，至于幽暗昏惑而无物以相之，亦不能至也。然力足以至焉，于人为可讥，而在己为有悔；尽吾志也而不能至者，可以无悔矣，其孰能讥之乎？此余之所得也。

余于仆碑，又以悲夫古书之不存，后世之谬其传而莫能名者，何可胜道也哉！此所以学者不可以不深思而慎取之也。"

在这里作者由"花山"谬传为"华山"，悟出深思慎取的治学之道；由"夷以近，则游者众；险以远，则至者少"的生活现象，悟出"世之奇伟、瑰怪，非常之观，常在于险远，而人之所罕至焉，故非有志者不能至也"的人生哲理。缘事析理，也就是"由表及里，去伪存真"，透过现象看到了事物的本质。作者是怎么"由表及里"探寻事物本质的呢?这里还用了比较的方法:"夷以近,则游者众;险以远,则至者少。"还用了"探究因果"的方法,分析人们为什么"夷以近,则游者众;险以远,则至者少",这就是"按图索骥,缘事析理",透过揭示问题产生的原因,写得深刻的好文章。

我们明白了什么是写得深刻,如何写得深刻,我们还要在教材中深入阅读与挖掘,并继续利用好它,用之来践行写作的"深刻",在写作之路上开出美丽绚烂之花朵,结出春华秋实之硕果,成就幸福青春之人生。

# 课外阅读单篇短章对高三学生作文能力的影响力实践探究

贵州省铜仁第一中学　杨　易

叶圣陶先生曾说过："把整本书作为主体，把单篇短章作为辅佐。"这里提及一个概念："单篇短章"。我由此获得启发，拟把"单篇短章"融进日常教学中。

天津教师赵福楼认为单篇阅读有两个走向：一是聚焦文本的细节，进行深化阅读；二是扩展阅读范围，以增大阅读量。对于阅读效果，他认为单篇阅读在落实语言积累和进行精读学习上的优势是明显的。即单篇阅读在语言积累和精读学习方面具有独特优势，对学生语文素养的培养是具有积极作用的。

在我看来，这种阅读的对象不仅仅包括"单篇"，还应该包括"短章"，合起来就是"单篇短章阅读"。它强调两个字："单""短"。此类阅读的重心不在于一本完整的书，而在于阅读范围和规模，需要铺大铺开"单篇短章阅读"的阅读面，强调的是阅读的高效性。因此，"单篇短章阅读"的内涵应当是在教师的指导和要求下，学生在课外大量阅读"单""短"篇幅的文章时，不限制阅读的内容、类型、风格，要求学生进行大规模的泛读、碎读、精读。泛读是强调阅读范围要广，碎读是强调阅读材料的独立性，精读是强调阅读时要仔细思考。"单篇短章阅读"更强调教师对阅读方法的传授，以及学生对阅读方法的运用，进而增强课外阅读的有效性。

考虑到实践分析的严谨性，选取了两个相近的高三班级做了一次特殊的教学实践，A班为课外阅读单篇短章的实践对象，B班仅进行常规教学，时间为三个月，大致流程如下：

（1）准备阶段：全班分组，以利于学生小范围的交流；推荐课外阅读的方向，学生自主阅读；每周直接印发一次一定数量的阅读内容。（2）实施阶段：a. 每周给予学生一定的目标任务，以任务驱动课外阅读；b. 每周语文晚自习时，印发课外阅读材料，要求在阅读之后，选择最有感触的一点写随笔；c. 阶段性汇报总结，每个月安排一节专门的课，由学生自己进行读书汇报和总结。（3）总结阶段：组织学生进行最后的总结汇报，评价标准更多的是学生对所阅读内容的转换和应用，是否能够在短时间内，迅速拓宽自己的眼界，迅速增加自己的积累。

实践结束后，进行了一次作文对比练习，通过在相似条件下教学方法不同的对比，A班较B班作文水平得到明显提升，特别是中等偏下、中等作文水平的学生提升较为明显。经过对比分析发现：课外阅读单篇短章的教学方法，有助于学生拓宽眼界，能够迅速积累大量的素材。

由此分析课外阅读单篇短章的实用性：高中阶段的语文教学，课堂与考试本身存在着一定程度的矛盾冲突，但根据一些具体的方法，对于高一、高二还是能够较好地进行调节，争取达到双收获的结果，但是到了高三，由于基本进入高考的冲刺阶段，考试将主导剩下的所有时间，课堂内复习专题、评讲练习，课堂外刷试卷、记忆知识点，往复直至高考。这样的做法扎实、明确，无可非议，但当所有学生都这么做时，就失去了优势。

我认为，课外阅读教学应该是高中阶段非常重要的一种教学方法，它不仅和课内教学相呼应，甚至还能互相加强。但是，因为各个学段的情况并不相同，所以需要根据具体情况进行选择和调整，课外阅读单篇短章就是对高三的课外阅读教学进行探究而得出结论的，现就其实用性进行分析，如下：

（1）课外阅读单篇短章能够保证高三学生在相同的时间内阅读到更多的内容，接触到更广泛的知识，积累到更多的语言和素材；

（2）课外阅读单篇短章能够把高三学生日常学习各类学科或者生活中的零散的时间充分利用起来，而且对阅读本身不会产生影响；

（3）课外阅读单篇短章能够在很短的时间内提升中等作文水平的高三学生的能力，而这部分学生往往是班级、学校的主体部分；

（4）课外阅读单篇短章能够提升高三学生的阅读速度和能力，以此提高整体语文成绩；

（5）课外阅读单篇短章能够涉及几乎所有类型的材料，能够更好地适应所有语文水平不同的高三学生。

综上，课外阅读单篇短章对高三学生的帮助和提升都是直观高效的，无论是阅读能力还是作文水平，都是符合高三课内教学的终极目标——高考的要求的。

课外阅读单篇短章以"涉及广、积累快"的特点，帮助高三学生在同样的时间内较快地提升阅读和作文能力，并以此提升学生的整体语文水平。这是一种依托单篇短章阅读在课外进行的教学方法，因具有"单""短"的特点，它可以不占用正常的教学时间，在内容匹配的情况下，能够与课内教学相呼应，在不影响课内教学的前提下，对课内教学进行补充，甚至能相互加强。因此，这是一种直击高考且可以迅速提分的语文课外阅读教学方法，对于高三的学生来说，是具有较强实用性的。

# "对话式"阅读教学对写作的影响探析

贵州省铜仁第一中学　杨晓鸿

摘要：阅读可以帮助学生提高听说读写的能力，有利于促进学生思维的发展。本文以高中语文"对话式"阅读教学为目的，探讨阅读对写作训练的影响及意义。

关键词："对话式"　阅读教学　写作

写作文肤浅是现在中学生作文存在的一大问题，作文要想写得好，打动人，就必须写得深刻，有情感。一篇只注重表象，完全忽略事物的本质、原因的文章，本身就是一种浅薄，所以要想写好作文必须对本质进行探索。怎么对本质进行探索，这时"对话式"阅读教学就显得尤为重要。

"对话式"阅读教学，就是在阅读教学中，教师要转变传统教育模式，从以往以教师为主体转变为以教师、学生、文本三者为主体，三者间进行一种平等的对话，改变传统教学仅强调知识、意义。"对话式"阅读教学追求教学的创造性，并且创设出课堂上师生之间的人性化与和谐化的教学模式，让学生在"对话"中去思考，探索生活的意义及生命的价值。

"对话"这个词的出现，在我国，最早可以追溯到春秋战国时期。《论语》是孔子弟子记录孔子言行的语录体散文集，主要以语录和对话的形式记录了孔子及其弟子的言行，这正是最早的师生之间的一种对话教学的体现。20世纪90年代，国内关于"对话"教学的研究才开始，远远落后于西方国家。2000年以后，随着我国新一轮基础教育的开展与推进，很多教育家才关注到这一理论，并且尝试从不同角度进行探讨。西北师范大学刘庆昌教授在《对话教学初探》中说道："对话的潮流也波及了学校教育领域，统一标准受到怀疑，教师的权威面对着直接的、实际的而非思想上的挑战。若按照传统的教育理念衡量，我们完全可以得出结论：由来已久的教育秩序，正处在危机之中。实际上，这是历史发展的必然，昭示着新的教育精神正在孕育、发芽。虽然一个新的时代会使教育精神的内涵获得极大的丰富，但我们相信，对话将会发挥它在当代教育以至未来教育中的价值。"

在高中语文教学中，"对话"应包含语言的交流、情感的交流、思想的交流。要想真正地达到三者的完美统一，就得完成教师与学生之间、学生与学生、文本和读者之间的对话。对教师与学生而言，二者通过与文本的对话产生情感，获得感悟，再与自我形成内在的对话。这样，教师与学生、教师与文本、学生与文本通过对话，以加强对文本的理解，使得参与者都能受到思维的训练、获得情感的感悟、思维的提升，从而整体提高语文素养。当学生思维得到提升，又获得了情感感悟时，学生就有了写好作文的前提了。所以，好的阅读方式尤其是"对话式"阅读对写作训练起到积极的作用。

写作的前提是阅读，如何阅读对写作而言就显得尤为重要，《语文新课程标准》强调："阅读是搜集处理信息、认识世界、发展思维、获得审美体验的重要途径。"在高中语文教学中，教师应该为学生创设良好的阅读环境，他们是课堂阅读教学的组织者，也是与学生平等对话的对话者，他们应该尊重学生的个人意见，鼓励学生要有批判质疑的精神，提出不同见解，发表不同意见，教师在此过程中做一些必要的点评、分析。

阅读教学近些年虽然受到了广泛重视，教师们也付出了大量的精力和时间，但学生的阅读能力却没有得到相应的提高，主要有以下三方面的原因。

（1）传统的教学模式在课堂中依然存在，"满堂灌"的教学模式，让学生失去了对阅读的兴趣，只是被动地接受与思考。加之高考的要求，多数阅读教学，教师只注重阅读材料本身，更甚者只讲字、词、句，把一篇很美的、很值得深思的文章简单地转化为一道应试题，使阅读成为一种机械的复制，除了提高学生的应试能力外，对提高阅读能力没有任何帮助。

（2）高中阶段，随着课业负担的加重，学生的阅读时间逐渐缩短，还有时间的不自由，导致学生不仅阅读量变少，而且阅读面也变窄。受应试教育的影响，教师和家长都把学生束缚在文本中，不激发学生的阅读兴趣，甚至不鼓励学生去阅读，这样就导致了学生不仅阅读速度慢，阅读效果也变差了。

（3）有的课堂确实注重对学生阅读的思考，但往往流于表面，表面看着一直在讨论问题，但基本上是教师提问，学生作答，这种单向的提问式教学其实根本没有改变传统教学模式，只是换了一种方式进行"填鸭式"教学。没有让学生真正参与到阅读中来，学生之间没有讨论，师生之间没有互动，教师也没有引导，只是进行单向提问。

由于学生阅读能力没能得到有效提升，很多学者提出了相应的阅读教学策略。在我看来，要想解决现在存在的问题，需从以下三方面着手。

### 一、教师需摆正自己的位置，建立良好的师生关系

任何一种方式的教学，最终目的是要达到人与人之间思想、情感的交流。良好的师生关系有利于激发学生学习语文的兴趣，可以发掘出学生内在的语文潜力。要想建立和谐的师生关系，教师必须认识到，学生是独立的个体，他们有各自不同的思维模式，在人格上他们都是与教师平等的，所以教师在"对话式"阅读教学时，应该充分考虑学生的实际情况，不让学生带着心理负担上课，这样负面情绪太多会导致课堂效果不佳。相反，教师在课堂中应该作为引导者，将学生真正地放在主导者的位置，做好学生的良师益友，帮助学生提高阅读能力、分析解决问题的能力、交际能力。这需要教师多关注学生心理，了解学生的特点，发现学生的优点，收集学生关心的话题，不断地给学生储备知识。

### 二、激发学生阅读兴趣，建立和谐的生生关系

课堂教学以学生为主体，而主体是由个性不同的学生组成的，"对话式"阅读如果想要获得成功，就得要学生之间进行对话与交流，只有全班

同学积极地参与，才会提高课堂效果。学生之间是有个体差异的，不能因为学生的分化而致使学生之间产生矛盾。如果成绩稍微靠后的学生产生自卑心理，他们就会失去学习语文的信心，针对这种情况，教师应该及时地进行协调，多关心、鼓励有自卑感的同学，为他们设计比较容易的对话模式或问题。让他们感受到参与其中的快乐，并且获得成就感。

"对话式"阅读特别重视合作交流，在"对话式"阅读教学中，只有学生间充分的配合与合作，才会达到预期的效果。

### 三、打破评价标准，允许多种观点的融合与并存

莎士比亚说："一千个人心中有一千个哈姆雷特。"不同的个体对事物有着不同的看法与理解，这就是"仁者见仁，智者见智"了，因此不存在唯一的标准，阅读就有这样的特点，它是多元理解的存在。因为每次的生活经历不同，性格不同，看问题的角度不同，所以对文本的理解就会不同。"对话式"阅读就应该尊重学生在阅读过程中的独特体验，教师要允许并且鼓励学生有个性化的观点，从而提高学生自主阅读的意识，使学生真正成为学习的主人。

当阅读能力得到有效提升时，写作能力自然而然地就得以提升，因此，要想写好作文，写出有深度的作文，"对话式"阅读在写作训练中就至关重要，不可或缺。

**参考文献**

[1] 刘庆昌. 对话教学初论 [J]. 教育研究，2001（11）：65-69.

# 浅谈高中作文亮点教学的策略

贵州省铜仁第一中学　石莉艳

高考作文是在一定的时间范围内检测学生的书面表达能力，关注学生的思想水平和思考能力。所以在有限的篇幅里，考生的文章要有亮点，才能增分夺目。

**一、作文标题要"亮"**

"亮"，即富有吸引力。俗话说，"眼睛是心灵的窗户"，题目又是文章的"眼睛"，一个漂亮的标题就能吸引人的眼球，可以起到事半功倍的作用。如何让作文标题富有吸引力呢？在教学中，对标题的要求有简洁、新颖、有内涵等，如何使标题符合"亮"的标准呢？我们可以用直接法、修辞法、对称法等。

"直接法"，即抓住作文主题开门见山，这样拟题可以牢牢地紧扣作文中心。如一则关于小白兔和小黑兔选择生活方式的材料作文。小白兔的生活观念很简单、很实际：守住萝卜，天长地久；小黑兔却并不如此，它的精力不是放在种植萝卜上，而是每天早出晚归，去品尝林间各种各样美味的野草，累了就在花丛间美美地睡上一觉。如果用"直接法"拟题，可以有《活出精彩》《品人生》《品生活》《守住最平凡的快乐》等；也可以用"修辞法"拟题，如比喻、拟人、引用等，《淡如水墨》《春暖花开》《奔跑才是我的"菜"》；或者用"对称法"拟题，即在简洁的标题上追求句式的对称，如《夏花·秋叶》《左手幸福·右手追求》《迢迢路，渺渺歌》等。

标题拟写可带有情感，这样标题会有情、有味、有浪漫之感，标题字数千万不要过长。题好一半文，好的标题能够使作文增加亮点。

## 二、作文句式要"亮"

"石蕴玉而山辉，水怀珠而川媚"，作文如果能够在句式上取胜的话，也是一大亮点，能够自觉运用句式也是学生语言能力的一个重要体现。作文中常用的句式有：比喻句、引用句、对称句、排比句、对比句、假设句、短句等。在这里我们以比喻句、短句、排比句为例进行阐述。

以"思念"为话题，运用比喻的修辞手法，写一段文字。如：

1. 思念是什么？

思念是一条窄小而又绵长的小路。游子不远万里，踏上这条回家的小路，风雨兼程，只为那思念的相聚！

思念是悠长的雨巷。丁香太息飘过，只为雨中彳亍的行者！

2. 思念是一盏孤灯。寒灯思旧事，飞雁对愁眠。

思念是一坛烈酒，举杯邀约，对影成三人。

思念是一个长亭，寒蝉凄切，泪眼执手！

3. 思念是年少气盛时甜蜜的日记，一字一句，诉说着青春的懵懂与无忌；思念是浪迹天涯时思绪的牢狱，一窗一网，禁锢着归家的渴望与期冀；思念是洗尽铅华时心灵的老宅，一砖一瓦，沉淀着回忆的甜蜜与宁静。

通过比喻的修辞手法，"思念"这一个抽象的概念就变得形象可感，语言也生动活泼了。

以"自信"为话题，运用短句写一段文字。短句是较长句而言的，一般可以是一言至五言，且多以四字为主，在结构上是两两对称，也可以一字排开。如：

1. 人不自爱，无人爱；人无自信，无人信。我们应该有自信。拥有自信，像李白一样，我材必用、千金复来；拥有自信，像杜甫一样，凌绝顶、众山小；拥有自信，像高适一样，不愁知己、人人识君。

自信是擎天柱，支撑着广漠的天空；自信是金色光，驱散厚厚的阴霾；自信是长剑，斩断层层荆棘。

拥有自信,你就会所向披靡!

2. 自信是什么呢?怎样才能获得自信?

其实,这是一个很简单的道理。你看,竹,四季轮回,奋发向上,脱壳换衣,换来的是顽强的生命力;梅,梅斗霜雪,独立寒枝,凛冽绽放,换来的是傲然的生命;松,寒光四溢,空蒙深邃,拥有的是壮美的筋骨……

所以,自信就是一种品质,一种心境。顽强与傲然共存,谱写了一首壮美的赞歌。

3. 破风浪,挂云帆,济沧海的是李白,他,乐观豪迈,激流勇进。

过千山,凌绝顶,览众山的是杜甫,他,心胸豁达,积极向上。

自信是石,敲出星星之火;自信是火,点燃熄灭的灯;自信是灯,照亮夜行的路;自信是路,引你走向成功之巅。

运用短句作文,我们会发现就像"大珠小珠落玉盘"一样,句子言简意赅、节奏明快,读起来朗朗上口,有时还会有一种磅礴的气势。

从上面的例子中,我们不难发现,有的语段不仅是比喻句,同时也是排比句;有的不仅是短句,同时也是比喻句和排比句。适当运用句式不仅可以增加文章的色彩,还可以增加文章的亮点。

当然这些句式可用在开头或结尾或在论述的过程中。如以"我眼中的李清照"为话题的作文开头:

1. 谁?

是谁?喊出了"生当作人杰,死亦为鬼雄"的千古绝句;

是谁?谱写了"争渡,争渡,惊起一滩鸥鹭"的绝妙乐曲;

是谁?叹出了"莫道不消魂,帘卷西风,人比黄花瘦"的愁思。

易安,是你吗?

2. 她从大明湖畔的绿荫中走来,

东风吹尽,鲜花开遍。

她作诗,她饮酒,看惯春花秋月;

她沐风,她浴雨,历尽悲欢离合。

岁月悠悠,如江水流逝。

美人莫比黄花瘦,黄花不堪永世忧。

结尾：

1. 一个"愁"字表达了李清照对自己一生的感叹，一个"思"字表达了李清照对爱情的执着，一个"正"字表达了李清照对生命的尊重。耳畔再次传来她的《醉花阴》："薄雾浓云愁永昼，瑞脑销金兽……"

2. 历尽沧桑的你，眼里满是安然。暮春时，在落花中伫立，笑微雨中的斜燕。

有一种美丽，逾越千年时光，仍旧定格在回眸的瞬间。

诗落如花，人淡如菊，年华无伤，岁月静好。

因此在写作时，适当运用句式可让文章光彩夺目。

### 三、作文内容要"亮"

学生在写作时，要有描述性的语言或是通过合理的想象去描述画面，让文章具有画面感，让文章内容更为生动。

如校园秋景练习：

1. 湖中有片片残荷，像一个个耷拉着脑袋的小精灵。虽然没有了夏日里的润泽，此刻的它们却另有一番风味。仔细看来，那黄了的叶子在淡淡的薄雾中轻轻舞动，神秘又缥缈，引得人情不自禁地驻足，仿佛想要去揭开那片神秘的面纱。

2. 铜中的秋，是雾的天地。清晨出发，沿着校园小路，感受那来自时代的触感，心中升起了几分宁静。轻纱薄雾笼罩着整个校园：天与地、山与水交织着。循着雾气，来到云烟缭绕的鲤鱼湖畔，只见牛乳似的一片，点点红光闪烁，它们成群结伴地披上雾的轻纱，仿佛要去赶赴一场秋的饕餮盛宴！

通过对校园早晨的描写，我们看到了一个大雾笼罩又神秘的校园，对残荷的描写，让晨雾中的校园多了一份坚韧和活力，画面感十足，美不胜收。

如"我眼中的李清照"话题的练习：

1. 青灯，小院，你独倚着窗口。望着窗外满地惨败的菊，不语；惆怅时刻，雁儿声声鸣叫，低头。杯中的酒，似乎也发出了重重的叹息……

通过想象还原场景，文段有画面感，刻画了一个悲愁的女子。修改后的文段，使得语段对称，有结构之美；运用拟人的修辞手法，让悲愁更浓、更重。

2. 无边的落叶萧萧而下，留得残枝听雨声。我站在落日桥头，倚栏而望。雨后的斜阳柔柔地轻拥大地，白衣女子东篱把酒。易安，是你吗？

通过想象还原场景，文段有画面感，刻画了一个借酒浇愁的女子。以第二人称来写文章，增加了文章的亲切感。以问的形式，表明了"我"和易安之间不是形同陌路之人。

所以，我们在写作文时要有描述性的语言或是适当还原场景，让文章内容更生动。

在作文教学中，我们要关注标题、关注句式、关注画面描述，让这三者亮起来。这三者亮起来，文章就会生动，就会增分夺目。